Liebe Leserin, lieber Leser …,

Kitas sind Orte der Begegnung und zugleich Erfahrungsräume. Sie ermöglichen Kindern, in der Auseinandersetzung mit sich und anderen ihre Potenziale zu entfalten: Kreativität und Fantasie zu entwickeln, Erfahrungen und Wissen zu sammeln, Vorlieben und Abneigungen zu entdecken – sich Weltwissen anzueignen. In Ihrer täglichen Arbeit begleiten Sie die Kinder ein Stück auf diesem Weg des Entdeckens, indem Sie ihnen Erfahrungen ermöglichen, die an ihre Lebenswelt anknüpfen. Und wie kann das besser gelingen als mit Geschichten und Figuren, die die Kinder bewegen und zum Fragenstellen anregen? In Bilderbüchern erfahren Kinder von kleinen und großen Dingen, erleben Fantastisches und Realistisches, Nachdenkliches und Lustiges – sie entdecken die Welt mit Bilderbüchern.

Die Kinder können durch Projekte und Angebote, die sich auf Bilderbücher und ihre starken Charaktere beziehen, eigenaktiv und mit allen Sinnen die Welt erschließen. Indem die Kinder malen, bauen, basteln, forschen, sich bewegen, Fragen stellen und Antworten finden, ihre Kita und ihre Umwelt entdecken, lernen sie ganzheitlich mit allen Sinnen. Mit diesem Projektheft möchten wir Sie bei Ihrer Arbeit unterstützen. Die Projektideen und Angebote knüpfen immer wieder an folgende Bilderbücher an:

Die Bilderbücher ermöglichen Ihnen, ausgehend von der Geschichte mit den Kindern vielfältige Zugänge zur Jahreszeit Frühling zu erleben und kennenzulernen; so können Kita-Kinder z. B. seine Naturphänomene entdecken und sehen, wie wir Menschen mit typischen Festen diese Jahreszeit erleben. Die Projektideen sind schnell und einfach und sowohl drinnen als auch draußen umzusetzen. Sie sind in erster Linie für die ausgewählten Bilderbücher gedacht, können aber (gegebenenfalls abgewandelt) leicht auf andere Bilderbücher übertragen werden.

Sebastian Meschenmoser
Herr Eichhorn und der erste Schnee
Thienemann in der Thienemann-Esslinger Verlag GmbH, Stuttgart

Sang-Keun Kim
Wenn du eine Sternschnuppe siehst, wünsch dir was
Beltz & Gelberg in der Verlagsgruppe Beltz, Weinheim Basel

Gerda Muller
Was war hier bloß los? Ein geheimnisvoller Spaziergang
Beltz & Gelberg in der Verlagsgruppe Beltz, Weinheim Basel

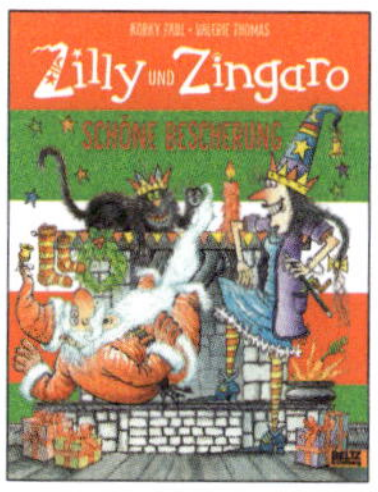

Korky Paul und Valerie Thomas
Zilly und Zingaro. Schöne Bescherung
Beltz & Gelberg in der Verlagsgruppe Beltz, Weinheim Basel

Tilde Michels und Reinhard Michl
Es klopft bei Wanja in der Nacht
ellermann im Dressler Verlag GmbH, Hamburg

Zum Aufbau des Projektheftes

In einem einleitenden Kapitel erhalten Sie eine kurze Einführung in den Themenschwerpunkt »Winter«. In den darauffolgenden Projektkapiteln finden Sie zu den Bilderbüchern »Es klopft bei Wanja in der Nacht«, »Wenn du eine Sternschnuppe siehst, wünsch dir was«, »Herr Eichhorn und der erste Schnee«, »Zilly und Zingaro. Schöne Bescherung« und »Was war hier bloß los? Ein geheimnisvoller Spaziergang« kreative Projektideen und Angebote, die ohne großen Zeit- und Materialaufwand durchgeführt werden können. Zu jeder Projektidee erfahren Sie auf einen Blick, welche pädagogischen Ziele Sie mit dem jeweiligen Projekt erreichen können, für welches Alter und wie viele Kinder sich die Projektideen eignen, wie lange die Vorbereitung und die Durchführung des Projektes dauern und welche Materialien Sie benötigen. Tipp- und Wissenskästen geben Ihnen weitere Anregungen für die Umsetzung in die Praxis. Die Zeitangaben können nur ungefähre Angaben sein, denn letztendlich kommt es darauf an, wie viele Kinder an dem Projekt teilnehmen und wie viel Zeit Ihnen im Tagesverlauf zur Verfügung steht. Ebenso können die Altersangaben nur Anhaltspunkte sein, denn Sie kennen Ihre Kinder am besten und wissen, über wie viel Vorerfahrung die Kinder beim Spielen, Bauen und Sich-Bewegen verfügen. Die Gruppengrößen werden unterschieden nach:

- EA = Einzelarbeit
- KG = Kleingruppen, also 2 bis 10 Kinder
- GG = Großgruppen, also 10 und mehr Kinder

Möchten Sie sich tiefer gehend mit den Themen der Hefte beschäftigen, finden Sie auf Seite 62 weiterführende Literatur. Auf Seite 63 finden Sie eine Übersicht der einzelnen Projekte, in der die Ziele nochmals genannt werden und Sie auf einen Blick sehen, welche Bildungsbereiche die Ideen und Angebote noch fördern.

Nun wünschen wir Ihnen viel Vergnügen beim Lesen dieses Heftes und bei der Durchführung der Ideen in Ihrer Kita!

5 Zusammmensein im Winter

11 Herr Eichhorn und der erste Schnee

12 WINTERWALDERLEBNISSE
- Wer entdeckt die erste Schneeflocke? • Besuch im Wald
- Eichhorn-Wachbleib-Sport • Tierische Schneesuche

16 WANN KOMMT DER ERSTE SCHNEE?
- Schneeflockenaussicht • Schneeflockensuche
- Was ist weich und nass und kalt? • Fühl mal!

21 Wenn du eine Sternschnuppe siehst, wünsch dir was

22 ZEIT FÜR FREUNDE UND FAMILIE
- Was ist ein Freund? • Sternschnuppe to go
- Mein Wunschfreund • Weihnachtsbus

26 SCHNEEMANN, SCHNEEFRAU, SCHNEEBÄR
- Schneeballschlacht • Eine Schneefamilie
- Schnee ist Schnee, oder? • Leckere Schneekugeln

31 Was war hier bloß los?

32 ERZÄHL MAL!
- Was war hier bloß los? • Ein Tag am Wochenende
- Unser Kalender • Eine Tagesordnung

37 SO VIELE SPUREN
- Spuren überall • Fußstempelspuren
- Wir sind auf eurer Spur

40 Zilly und Zingaro. Schöne Bescherung

42 VOM WÜNSCHEN UND SCHENKEN
- Zauberhafte Weihnachten • Das perfekte Geschenk
- Wunschzettel • Upcycling-Geschenkpapier
- Geschenke verteilen • Leckerlis für Katzen

48 WUNDERSCHÖNE WEIHNACHTSZEIT
- Schnipp-Schnapp-Schmuck
- Weihnachtsgrüße aus der Kita

51 Es klopft bei Wanja in der Nacht

52 VON FREUNDLICHEN FEINDEN
- Wer klopft denn da? • Freund oder Feind?
- Tiere im Winter • Jäger im Jagdfieber?
- Wanjas Lebkuchenhaus • Fangen rund um Wanjas Haus

60 WINTER ADE!
- Ist der Winter bald vorbei? • Maskerade
- Wir klopfen bei Wanja!

62 Literatur

63 Übersicht der Projektideen nach Bildungsbereichen

64 Bild-und Textnachweise

ZUSAMMEN-SEIN IM WINTER

»Weit fort in einem kalten Land steht Wanjas Haus am Waldesrand. In langen Zapfen hängt das Eis und ringsumher ist alles weiß.«

Zitat aus dem Bilderbuch »Es klopft bei Wanja in der Nacht«

Der Winter ist vermutlich die unbeliebteste der vier Jahreszeiten. Wer mag es schon, wenn es überwiegend dunkel ist, nass und kalt. Zudem gibt es in vielen Jahren kaum Schnee, sodass die Landschaft draußen eher karg oder matschig ist und nicht romantisch von Schnee überzogen. Doch beim genauen Überlegen fallen nicht nur den Kindern viele schöne Momente ein, die sie nur im Winter so erlebt haben: lange Spieleabende, Nachtwanderungen, gemütliches Plätzchenbacken und -essen mit der ganzen Familie und schließlich Schlittenfahren, bis die Nase rot gefroren ist.

So wie die Natur sich im Winter zurückzieht, Kräfte sammelt und sich für ein neues Frühjahr wappnet, tun auch wir es im Winter. Zumindest wäre es sinnvoll: ausruhen, Zeit mit Freunden und Familie verbringen, träumen und die Natur erkunden.

Zum Winter gehört in unserem christlich geprägten Land auch die Weihnachtszeit. Den Dezember beginnen viele von uns mit dem Öffnen des ersten Türchens eines Adventskalenders und beenden ihn mit einem Fest, um dann mit einem Feuerwerk das neue Jahr zu begrüßen. Sind schließlich auch die Heiligen Drei Könige vorbeigezogen, wächst in uns bereits die Sehnsucht nach dem Frühling. Der Winter dauert noch bis zum März, wir versuchen, ihn jedoch schon im Februar mit lustigen Kostümen und viel Radau zu vertreiben.

DEN WINTER DRINNEN UND DRAUSSEN ERLEBEN

Der Herbst hat den Bäumen erst bunte Blätter gegeben und sie ihm dann mit Stürmen genommen und die Landschaft schließlich mit Nebel überzogen. Der Winter hat nun kaum noch Farben. Alles erscheint auf den ersten Blick grau und trist. Nur Schnee und dazu ein blauer, klarer Himmel scheinen etwas Farbkontrast bieten zu können. Doch beim genauen Hinsehen entdeckt man bunte Früchte an Büschen; wenn Schnee liegt, gibt es Spuren zu sehen und die Nadelbäume zeigen, dass sie auch im Winter grüne »Blätter« haben.

Von Dezember bis März dauert der Winter laut Kalender, und in manchen Jahren sogar noch länger. Dann, wenn es sogar bis in den April immer wieder Schnee und Eis gibt. Solche langen Winter sind für viele Kinder ein großes Erlebnis. Denn Spielen im Schnee ist etwas ganz Besonderes. Meist jedoch sind die Winter in unseren Gefilden eher mild. Regen, Schnee und Eisglätte wechseln sich ab und gelegentlich sind sogar richtig warme Sonnentage dabei.

Für die Natur bedeuten die milden Winter, dass sich die Tier- und Pflanzenwelt umstellen muss. Wo es früher garantiert mindestens ein paar Wochen lang eine geschlossene Schneedecke und nächtlichen Frost gab, regnet es heute nur manchmal und die Temperaturen steigen tagsüber relativ hoch. Da fangen plötzlich Samen an, zu keimen, Blumen und Bäume blühen viel zu früh, Tiere erwachen aus dem Winterschlaf und haben Hunger. Das ist ein Problem, denn sie finden jetzt nicht genug Futter. Einige Zugvögel haben sich schon angepasst und fliegen gar nicht weg. So können wir sie auch im Winter beobachten. Kinder sollten die Möglichkeit bekommen, so oft wie möglich rauszugehen und sich in der Natur umzusehen, um zu erleben, wie sich die Natur verhält und verändert. So können sie ein tieferes Verständnis für ihre Umwelt entwickeln.

In der Kita haben sich die Jungen und Mädchen in ihren Gruppen eingewöhnt und ihre Rollen gefunden. Meist hat sich eine entspannte Gruppendynamik eingestellt und alle freuen sich auf gemeinsame Aktivitäten. Am liebsten gehen die Kinder jeden Tag nach draußen. Dort beobachten sie, wie sich die Natur ganz zurückzieht, und nur durch genaues Hinsehen ist erkennbar, wie lebendig die Pflanzen und Tiere trotzdem noch sind. Denn auch jetzt gibt es viel zu entdecken: Sträucher, die Früchte tragen, die man erst nach Frost ernten kann, und Gemüsearten, die ebenfalls die Kälte benötigen, um schmackhaft zu werden (z. B. Schlehen, Rosenkohl), Tierspuren im Schnee, Futterreste von Tieren, die schnell zu ihrem Vorratsplatz laufen und dort etwas verlieren, bizarre Eisgebilde und Schneeverwehungen u. v. m.

Wird es draußen zu kalt, zu nass und ungemütlich, ist es drinnen umso schöner. Irgendwie scheint es am Winter zu liegen, dass gemeinsames Backen und Basteln so besonders viel Spaß macht. Auch zusammen zu spielen, zu singen, zu tanzen und sich mit interessanten Fragen zu beschäftigen, fühlt sich im Winter ein bisschen anders an als in den anderen Jahreszeiten.

Wenn die Familie und Freunde Zeit zusammen verbringen, können sie gemeinsam kreativ sein, sich gegenseitig anregen und sich austauschen. Das stärkt das Gemeinschaftsgefühl, aber auch die Sicherheit, aufgehoben zu sein und einen Halt in der Familie zu haben. Gehen die Kinder nicht so viel nach draußen wie im Sommer, haben sie mehr Zeit, um sich intensiv mit etwas auseinanderzusetzen. So können sie etwas erforschen oder Spiele entwickeln, die über Stunden und Tage dauern.

Den Winter mithilfe von Bilderbüchern erleben

Bilderbücher bieten Kindern nicht nur optische Anregungen, sondern auch sprachliche Impulse sowie engen Kontakt zu anderen Menschen. Gerade im Winter, wo man sich viel häufiger im Haus aufhält, sind Bilderbücher beliebt. Gemütlich zusammen gekuschelt gemeinsam in ein Buch zu sehen und sich Geschichten zu den Bildern anzuhören oder selbst zu erfinden, ist einfach schön. Solche Momente stärken die Kinder und bleiben in Erinnerung. Aber die Bilderbücher bieten auch Inhalte, die sich mithilfe der Bilder leichter vermitteln lassen. Gespräche werden angestoßen und so kommen Fragen auf, über die sich die Kinder mit Erwachsenen oder anderen Kindern austauschen können.

In diesem Heft finden Sie 40 Projekte, die sich alle auf Bilderbücher beziehen. Jedes der fünf Bilderbücher thematisiert den Winter auf seine Weise. Mal geht es um Tiere, mal um ein Kind, das Spuren hinterlässt, Wünsche und Geschenke sind genauso Themen wie Weihnachten, das große Fest im Winter. Eines haben alle Bücher gemeinsam: den Schnee.

Im zauberhaft illustrierten Bilderbuch »Herr Eichhorn und der erste Schnee« suchen die Waldtiere nach einer ersten Schneeflocke, denn sie kennen den Schnee nicht. Gemeinsam wollen sie diesmal wach bleiben und endlich Schnee erleben. Die Suche der Tiere im Wald nach dem Schnee und ihre lustigen Ideen dazu regen die Kinder an, selbst nach Schnee und überhaupt nach Zeichen des Winters zu suchen.

Der kleine Maulwurf scheint sich ziemlich einsam zu fühlen, als er allein durch den Schnee zur Bushaltestelle stapft. Er ist neu und hat noch keine Freunde. »Wenn du eine Sternschnuppe siehst, wünsch dir was!«, hat ihm seine Oma geraten. Das erzählt er seinem Schneefreund, den er sich aus einem kleinen Schneeball formt. Ein bisschen Fantasie und Einfühlungsvermögen sind nötig, um nachvollziehen zu können, wie es dem Maulwurf ergeht. Der Wunsch nach einem Freund ist den Kindern sicher nicht unbekannt und bietet einen Impuls für Gespräche und Aktivitäten.
Im Bilderbuch »Was war hier bloß los?« gibt es keinen Text. Auf den Bildern sind allerdings Spuren zu sehen, die beim genauen Betrachten eine Geschichte erzählen. So bietet das Buch Anlass zum Nacherzählen und dazu, selbst Spuren zu hinterlassen. Auch über solche Tagesabläufe, wie sie der Junge im Bilderbuch erlebt, können sich die Kinder austauschen. Vielleicht werden die Kinder anschließend selbst zu Spurensuchern oder sie basteln einen Kalender, um alle Tage der Woche kennenzulernen.

Was wäre der Winter ohne Weihnachten? Für Zilly und Zingaro sicher undenkbar. Im Bilderbuch »Schöne Bescherung« schmücken die Zauberin und ihr Kater das Haus und den Garten kunterbunt und mit vielen leuchtenden Lichterketten. Endlich kommt dann der Weihnachtsmann, um die Geschenke zu bringen. Doch er bleibt im Schornstein stecken. Was für ein Desaster! Es gibt viel zu sehen und auch zu lachen in diesem Bilderbuch. Die Kinder können einiges aufgreifen, was Zilly und Zingaro tun, vor allem aber sich mit dem Schenken und Beschenktwerden beschäftigen.

Im Bilderbuch »Es klopft bei Wanja in der Nacht« ist der Winter so, wie man ihn bei uns nur noch aus Büchern kennt: Alles ist tief verschneit. In der Nacht kommt ein Schneesturm auf, der so viel Kälte mit sich bringt, dass sogar die Tiere frieren. Der Jäger Wanja nimmt sie in sein Haus auf. Wie seltsam, fragen sich da die Jungen und Mädchen: Ein Hase, ein Fuchs und ein Bär schlafen gemeinsam mit einem Jäger in einem Haus? Da gibt es einiges zu besprechen. Doch die Kinder greifen auch das Thema »Tiere« auf und basteln Masken, die sie zu Fasching verwenden können. Und schließlich bereiten sie sogar Lebkuchen zu und bauen ein eigenes kleines, verschneites Jägerhaus wie das von Wanja.

Wichtige Themen des Winters

Die vierte Jahreszeit bietet Kindern die Möglichkeit, sich einmal ganz anders auszuprobieren. Wenn es Eis und Schnee gibt, müssen sie Fähigkeiten und Fertigkeiten erlernen, die sie sonst nicht benötigen: auf einem Schlitten einen Berg hinunterrodeln, auf Kufen oder mit Schuhen übers Eis schlittern und einen Schneemann oder eine Schneehöhle bauen. Sie müssen mit der Kälte klarkommen und lernen, sich warm anzuziehen. Und wenn es so lange kaum Sonnenschein gibt, muss ihr eigenes sonniges Gemüt ausreichen, um fröhlich zu bleiben und um den Winter zu genießen.

Winterwetter

Mit dem Begriff Winterwetter verbinden wir zwar alle sofort Schnee und Eis, doch das Wetter zu dieser Jahreszeit ist in Deutschland sehr unterschiedlich. Mal ist es sehr kalt und trocken, mal regnet es heftig und manchmal schneit es. Selbst wenn an manchen Tagen die Sonne kräftig scheint, kann sie ihre volle Kraft nicht entfalten, da sie nur ganz flach über den Himmel zieht.

Schnee ist nicht nur schön anzusehen und lässt sich toll formen. Er ermöglicht es den Kindern auch, Spuren zu entdecken. So können sie z. B. sehen, wo ein Vogel entlanggehüpft ist, um etwas am Wegrand aufzupicken, oder wo ein Hase vor einem Fuchs davongelaufen ist. Um möglichst viele Spuren zu entdecken, müssen die Kinder so oft es möglich ist und so früh sie dürfen, nach draußen gehen.

Schnee und Eis sind aber auch interessante Materialien zum Erforschen. Die Jungen und Mädchen lernen schon draußen beim Spielen damit, wie es sich verändert, was passiert, wenn man Schnee fest drückt oder Eis fallen lässt. Sie können aber auch im Haus damit experimentieren und weitere Erkenntnisse gewinnen.

Unter der Schneedecke ist die Natur nicht verschwunden, sie schläft nur ein bisschen. Pflanzen sammeln Kraft für die nächste Wachstumsperiode und die Tiere, die nicht im Winterschlaf sind, suchen ständig nach Nahrung und warmen Plätzen. Dies zu erkunden, ist für die Kinder eine interessante Aufgabe, die ihnen hilft, die Tier- und Pflanzenwelt besser zu verstehen und damit auch zu respektieren. Mit dem Winter schließt sich der Jahreskreis und die Kinder lernen, wie alles kommt und geht, wächst und wieder verwelkt.

Nasses und kaltes Winterwetter lädt aber auch dazu ein, es sich im Haus gemütlich zu machen und die Zeit mit Spielen, Singen und Plätzchenbacken zu verbringen. Wenn es draußen kalt ist und der graue Matsch auf Straßen und Gehwegen ungemütlich erscheint, ist es drinnen besonders schön und wohlig warm.

Freundschaften und Familie

Ohne Freunde und ohne Familie ist das Leben wohl nur halb so schön. Wir Menschen sind soziale Wesen und brauchen das Miteinander. Wann, wenn nicht im Winter können wir davon ganz viel bekommen? Liegt draußen Schnee, gehen die Kinder gemeinsam raus und toben mit ihren Freunden. In den Ferien haben die Eltern viel Zeit und machen mit ihren Jüngsten gerne Spaziergänge, üben gemeinsam mit ihnen das Skifahren oder Rodeln den nächsten Berg hinunter. Und zu Hause und in der Kita gibt es bei heißem Kakao und Plätzchen viele schöne Stunden, in denen wir gemeinsam spielen, forschen, entdecken, erzählen, lachen und basteln.

Freundschaft und Familie sind auch Themen in mehreren Bilderbüchern. Einmal wenn der kleine Maulwurf sich einsam fühlt und sich einen Freund aus Schnee zusammenformt. Ein andermal, wenn es darum geht, etwas zu verschenken oder sich etwas zu wünschen. Und das dritte Mal, wenn sich wie bei Wanja Tiere plötzlich friedlich zusammentun, obwohl sie sonst Feinde sind.

Sich mit sozialen Werten auseinanderzusetzen und darüber nachzudenken, wie wichtig Zusammenhalt und Wertschätzung sind, bereichert die Kinder und unterstützt sie dabei, eigene Werte zu bilden.

Von Weihnachten bis ins neue Jahr

Was wäre der Winter ohne Weihnachten? Kinder, selbst jene ohne christlichen Hintergrund, sind fasziniert von den Ritualen rund um das Fest zu Jesu Geburt und natürlich geht es hier nicht nur um die Atmosphäre, die Tannenduft und Kerzenschein verströmen. Es geht auch um die Geschenke. Leider stehen bei vielen Familien die Geschenke sogar ausschließlich im Mittelpunkt des Weihnachtsrituals. Mithilfe des Bilderbuches »Zilly und Zingaro. Schöne Bescherung« ist es möglich, Kindern etwas mehr als nur ein religiöses Fest näherzubringen. Sie können verschiedene Themen rund ums Schenken aufgreifen und dabei verinnerlichen, wie wichtig es ist, ein Geschenk von Herzen zu schenken.

Nach Weihnachten haben die Kinder zu Hause meist genug Zeit, ihre neuen Spielsachen auszuprobieren und die Tage mit den Eltern gemeinsam zu gestalten. Und schneller als erwartet beginnt das neue Jahr. Silvester erleben die Kleinsten oft als merkwürdig aufgeregtes Fest mit. Denn häufig schlafen sie schon, wenn um Mitternacht Feuerwerksraketen in den Himmel steigen. Auf einmal ist die Zeit nicht mehr besinnlich und ruhig. Jetzt herrscht Trubel und Feierlaune. Mit Beginn des neuen Jahres freuen sich die Menschen auf neue Erlebnisse und schöne Zeiten.

Erzählen, fantasieren und träumen

Als es noch keine Fernseher und kein Internet gab, war es insbesondere im Winter üblich, sich zusammenzusetzen und sich gegenseitig Geschichten zu erzählen. Da blieb es häufig nicht bei realistischen Berichten, sondern es wurde ausgeschmückt und fantasiert. Schließlich sollten die Anwesenden gut unterhalten werden. Auch Geschichten, die man irgendwo hörte, wurden weitererzählt. So konnten Märchen, wie die der Brüder Grimm, bis heute erhalten bleiben. Die kalte Jahreszeit ist die Hauptsaison für Geschichten und die Fantasie. Auch wenn die Kinder meist nicht mehr aus Haushalten mit Landwirtschaft stammen, wo es im Winter meist etwas ruhiger zugeht und so mehr Zeit in der warmen Stube bleibt, sollen sie erleben, wie schön es ist, gemeinsam zu erzählen und zu träumen.

Alle fünf Bilderbücher, die in diesem Heft vorgestellt werden, regen dazu an, die Bilder zu betrachten und zuzuhören, wenn die Texte vorgelesen werden. Noch besser ist es, wenn sich die Kinder beim wiederholten Ansehen der Bücher selbst die Inhalte erzählen. So lernen sie, den Geschichten zu lauschen, diese aber auch selbst weiterzuspinnen und sich eigene Geschichten auszudenken. Aus den Ideen können dann Rollenspiele entstehen oder die Kinder zeichnen ihre »Bilder im Kopf« auf Papier. Manchmal ist es für die Kinder auch schön, einfach nur ein bisschen zu träumen und sich selbst wie die Figuren im Bilderbuch zu fühlen.

Wenn dann der Winter langsam dem Ende zugeht, können die Jungen und Mädchen schließlich ihre Fantasie und Kreativität nutzen und mit selbst gemachten Kostümen und Instrumenten viel Krach machen, um die Kälte zu vertreiben. Mit Fasching bzw. Karneval läuten sie schon das baldige Frühjahr ein und freuen sich auf das neue Jahr.

HERR EICHHORN UND DER ERSTE SCHNEE

»Wer die erste Schneeflocke sehen will, darf nicht einschlafen!«

Zitat aus dem Bilderbuch »Herr Eichhorn und der erste Schnee«

Eigentlich ruhen sich Eichhörnchen aus, wenn es draußen so kalt ist, dass alles einfriert. Sie kommen nur manchmal heraus, um sich etwas Futter aus ihrer Vorratskammer zu holen. Herr Eichhorn findet es bedauerlich, dass er noch nie Schnee gesehen hat, und beschließt, diesen Winter wach zu bleiben, um den ersten Schnee zu erleben. Weil das gar nicht so einfach ist, wie es klingt, holt er sich Hilfe von anderen Tieren, die mit ihm wach bleiben. Gemeinsam denken sie sich aus, wie Schnee aussehen könnte, und sie lassen sich lustige Ideen einfallen, um bloß nicht müde zu werden und keinesfalls einzuschlafen.

So wie für Herrn Eichhorn ist es auch für Kinder aufregend, den ersten Schnee zu erleben. Wie von Zauberhand fallen die Flocken herab und legen einen weißen, weichen Schleier über alles um uns herum. Doch bis es schneit, dauert es manchmal lange. Die Kita-Kinder können bei einem Waldspaziergang nachsehen, ob es dort schon geschneit hat und es genauso aussieht, wie im Wald von Herrn Eichhorn aus dem Bilderbuch. Wer es nicht abwarten will, bis endlich weiße Flocken fallen, gestaltet die Fenster mit Schneeflocken. Zwei lustige Schneeflockenspiele schulen die Wahrnehmung. Und mithilfe von Fühlkisten trainieren die Kinder ihren Tastsinn und lernen Eigenschaftswörter, wie »warm«, »weich«, die auch die Tiere im Bilderbuch verwenden. Wer sich bewegt, bleibt wach, so heißt es im Buch; das probieren die Kinder natürlich auch aus.

Wer entdeckt die erste Schneeflocke?

Ziele
- → Aufmerksamkeit steigern
- → visuelle und auditive Wahrnehmung schulen

Alter
3–6 Jahre

Gruppengröße
KG

Dauer
20 Minuten

Materialien
- → Bilderbuch »Herr Eichhorn und der erste Schnee«

Winterwalderlebnisse

Im Bilderbuch »Herr Eichhorn und der erste Schnee« wartet ein Eichhörnchen gespannt darauf, das erste Mal Schnee zu sehen. Gemeinsam mit anderen Waldbewohnern lässt er sich allerhand einfallen, um dabei nicht einzuschlafen. Die Bilder im Buch sind recht schwungvoll gezeichnet, sodass den Kindern noch viel Raum für eigene Fantasie bleibt, wenn sie das Buch ansehen und die Geschichte vorgelesen bekommen.

So geht's

- Versammeln Sie die Kinder an einem gemütlichen Platz so um sich herum, dass alle gut in das Buch sehen können, wenn Sie es vor sich halten.
- Schlagen Sie das Buch auf und lassen Sie die Kinder die ersten beiden Seiten der Geschichte betrachten.
- Fordern Sie die Kinder auf, zu erzählen, was sie sehen. Stellen Sie Fragen zu den Bildern, wenn die Kinder von selbst nicht nachfragen oder erzählen, z. B.:
  - ? Was passiert dort im Wald?
  - ? Wie heißen die Tiere, die dort im Wald zu sehen sind?
  - ? Warum tobt das Eichhörnchen so wild herum?
  - ? Kennt jemand eine raue Seemannsweise? Was könnte das sein?
- Lesen Sie nun den Text vor und geben Sie den Kindern noch etwas Zeit, nachzufragen oder etwas anzumerken. Vermutlich wollen die Kinder wissen, was ein »Bock« ist. Es könnte ein Rehbock sein oder ein Gamsbock.
- Fragen Sie nach, wie es weitergehen könnte, z. B.: Was macht Herr Eichhorn nun?
- Blättern Sie um (oder lassen Sie ein Kind umblättern) und verfahren Sie auf allen Seiten so wie anfangs.
- Am Ende des Buches fassen Sie gemeinsam mit den Jungen und Mädchen noch einmal zusammen, was Herr Eichhorn und die anderen Tiere erlebt haben.

Abschluss

- Stellen Sie in Aussicht, welche Angebote Sie in Anlehnung an das Bilderbuch in nächster Zeit mit den Kindern durchführen wollen. Sicher haben auch die Mädchen und Jungen passende Ideen, die Sie in die Planung einbeziehen können.

Tipp

Je kleiner die Gruppe ist, desto intensiver können Sie sich mit den Kindern über das Bilderbuch austauschen.
Seemannslieder: »Heute an Bord«, »Ick heff mol en Hamborger Veermaster sehn«, »Eine Seefahrt, die ist lustig«

Winterwalderlebnisse

Bei Herrn Eichhorn im Wald gibt es Bäume und auch ein bisschen Gras. Die Bäume haben keine Blätter und Nadelbäume scheint es nicht zu geben. Bei einem Ausflug sehen die Kinder nach, wie es in ihrem nächstgelegenen Wald aussieht.

Vorbereitung

- Informieren Sie die Eltern einige Tage vor dem geplanten Ausflug über Ihr Vorhaben, damit die Kinder wetterfeste und bequeme Kleidung tragen.
- Bitten Sie ggf. Eltern, die Gruppe beim Ausflug zu begleiten.

So geht's

- Versammeln Sie die Kinder und erinnern Sie noch einmal an das Bilderbuch von Herrn Eichhorn. Erklären Sie, dass die Gruppe gemeinsam in einen Wald gehen wird, um nachzusehen, ob es schon geschneit hat und welche Tiere dort zurzeit noch wach sind.
- Bevor die Gruppe den Wald betritt bzw. sich die Kinder dort frei bewegen dürfen, sollten Sie ein paar wichtige Regeln besprechen, z. B. »Alle bleiben in Sichtweite und mindestens zu dritt« oder »Niemand nimmt etwas in den Mund (nichts essen, auch kein Wasser aus einem Bach trinken, ohne zu fragen)«.
- Nach dem Betreten des Waldes bleiben alle stehen und sind für einen Moment ganz still. Was hören die Kinder? Was riechen sie? Hat es hier geschneit?
- Die Kinder schwärmen in Kleingruppen aus und halten Ausschau nach:
  - Tieren
  - Spuren von Tieren
  - etwas Weichem
  - etwas Kaltem
  - etc.
- Mitgenommen werden nur Dinge aus dem Wald, die lose herumliegen (z. B. Steine, Schneckenhäuser). Alles andere können die Kinder z. B. mit einem Stock markieren und dann zeigen.
- Nach einiger Zeit treffen sich alle wieder, um zu zeigen, was sie gefunden und zu erzählen, was sie gesehen und gehört haben. Hat jemand ein Tier gesehen und welches? Hat jemand Futter für Tiere entdeckt (z. B. Beeren, Zapfen)?
- Geben Sie den Jungen und Mädchen Zeit, um noch frei zu spielen. Vielleicht möchte jemand ein kleines Häuschen für Wichtel oder kleine Tiere bauen. Kleine, trockene Äste und Rindenstücke eignen sich dafür besonders gut.
- Achten Sie beim Verlassen des Waldes darauf, dass die Gruppe den gesamten Müll mitnimmt und nichts liegen bleibt.

Abschluss

- Zurück in der Kita können die Kinder ihre mitgebrachten Waldfundstücke reinigen und auf der Heizung trocknen. Vielleicht wollen Sie daraus etwas basteln oder sie ausstellen?
- Wer mag, kann ein Bild über den Ausflug malen oder einen Portfolioeintrag erstellen.

Besuch im Wald

Ziele
- → Naturerfahrungen machen
- → Verständnis für Tiere aufbringen

Alter
3–6 Jahre

Gruppengröße
KG, GG

Vorbereitungszeit
15 Minuten

Dauer
1-2 Stunden

Materialien
- → kleine Tasche (für Fundsachen)
- → Erste-Hilfe-Set
- → Taschenmesser
- → Taschentücher/Feuchttücher

Eichhorn-Wach-bleib-Sport

Ziele
→ Motorik trainieren

Alter
3–6 Jahre

Gruppengröße
KG

Vorbereitungszeit
10 Minuten

Dauer
30 Minuten

Materialien
→ verschiedene Turnelemente (wie Kasten, Bank, Sprossenwand, Seile, Reifen)
→ Matten oder Matratzen
→ 1 Decke

Winterwalderlebnisse

Wie kann ich nur wach bleiben?, denkt sich das Eichhörnchen, als es unbedingt den ersten Schnee sehen will. Es ist ganz einfach: Bewegung ist die Lösung! Wer herumtobt, bleibt wach.

Vorbereitung

- Bauen Sie eine Art Waldlandschaft aus den Geräten auf.
- Sichern Sie alle Erhöhungen durch Matten oder Matratzen.

So geht's

- Versammeln Sie die Kinder im Bewegungsraum. Sie sollen barfuß laufen oder mit Turn- bzw. Gymnastikschuhen. Mit Socken könnten sie ausrutschen.
- Erinnern Sie an die Geschichte von Herrn Eichhorn und daran, dass er auf keinen Fall einschlafen will. Fragen Sie nach, was er macht, um nicht einzuschlafen: Er bewegt sich!
- Erklären Sie die Waldlandschaft. Am besten gehen Sie die Stationen ab und bitten je ein Kind, die dazugehörende Bewegung vorzumachen. (Falls niemand möchte, machen Sie es selbst vor.)
- Mögliche Stationen:
  - Leiter/Sprossenwand: einen Baum rauf- und runterklettern, evtl. schon von etwas höher herunterspringen (Achtung: Hier unbedingt dabeistehen und sichern!)
  - Decke: unten durchkriechen wie durch eine Schicht aus Laub oder Moos
  - Kasten/Hocker: auf einen Baumstumpf oder Stein steigen und herunterspringen
  - Bank, Seil: auf einem liegenden Baumstamm balancieren, drübersteigen, rauf- und runterspringen, unter einer Wurzel hindurchkriechen
- Die Kinder durchqueren den Wald nacheinander und schauen einander dabei zu. Schön ist es auch, wenn sich Paare bilden und die Jungen und Mädchen einander helfen, den Wald sportlich zu erobern.

Abschluss

- Haben sich alle lange genug wach gehalten, räumen sie »den Wald« gemeinsam wieder auf.

Variation

- Bauen Sie die Waldlandschaft mit den Kindern gemeinsam auf. Sicher haben sie tolle Ideen für Stationen.
- Suchen Sie einen Platz in einem echten Wald, um dort ähnliche sportliche Übungen mit den Kindern durchzuführen.

Tipp

Alternativ zu den Elementen aus dem Turnraum können Sie z. B. eine Haushaltsleiter zum Aufklappen, Hocker, Kisten und Eimer verwenden.

Tierische Schnee-suche

Ziele
→ Motorik und Koordination trainieren

Alter
3–6 Jahre

Gruppengröße
KG, GG

Dauer
10 Minuten

Herr Eichhorn und seine Freunde suchen Schnee. Die Kinder ahmen die Tiere nach und spielen auch »Schneesuchen«.

So geht's

- Erinnern Sie an die Geschichte vom Eichhörnchen im Wald, das mit seinen Freunden auf Schnee wartet. Ungeduldig beginnen die Tiere damit, den Schnee zu suchen.
- Schlagen Sie vor, ebenfalls nach Schnee zu suchen. Das geht draußen oder auch drinnen – hier natürlich nur mit Fantasie.
- Wenn die Kinder wie die Tiere nach Schnee suchen wollen, müssen sie sich auch so bewegen wie diese. Ein Kind macht es vor: Es springt wie Herr Eichhorn, flink und wendig. Die anderen Kinder machen es nach und bewegen sich ebenso im Raum umher. Natürlich müssen sie auch nach Schnee Ausschau halten!
- Ein anderes Kind darf vormachen, wie ein Bär auf die Suche geht. Alle anderen machen es nach.
- Auch den Igel imitieren die Kinder. Dabei müssen sie aufpassen, wenn sie über hohe Wurzeln steigen wollen, denn als kleiner Igel ist das ziemlich schwer!
- Die Kinder können noch andere Waldbewohner nachahmen.
- Zum Abschluss darf jedes Kind wie ein Tier herumgehen und sich verabschieden.

Wissen

Wie bewegen sich Tiere fort?
Hasen hüpfen, Rehe staksen, Pferde trappeln, traben, schreiten oder galoppieren. Hunde, Bären und Wölfe laufen auf allen Vieren, manchmal schleichen sie, sie streifen umher, junge Tiere tapsen. Vögel hüpfen mit zwei Beinen oder gehen, immer einen Fuß vor den anderen setzend.

Schneeflocken-aussicht

Ziele
- ästhetisches Empfinden entwickeln
- kreativ sein
- Feinmotorik trainieren

Alter
3–6 Jahre

Gruppengröße
KG

Vorbereitungszeit
15 Minuten

Dauer
15 Minuten

Materialien
- Fensterputzmittel (oder Spülmittel)
- Lappen und Eimer
- Kleister
- 1 DIN A2-Bogen weißes Seidenpapier oder Toilettenpapier
- 2 Borstenpinsel
- 2 Schälchen/Schüsseln

WANN KOMMT DER ERSTE SCHNEE?

Manchmal dauert es sehr lange, bis der erste Schnee vom Himmel fällt. Da hilft auch kein Toben und Seemannsliedersingen, wie es Herr Eichhorn und seine Freunde im Wald tun. Die Kinder wissen einen Trick: Sie gestalten die Fenster mit Schneeflocken aus Papier und schon sieht die Welt da draußen viel winterlicher aus.

VORBEREITUNG

- Putzen Sie das oder die Fenster für die Schneeflocken-Aussicht.
- Rühren Sie Kleister möglichst dickflüssig an (am besten schon am Vortag).
- Schütten Sie etwas Kleister in ein Schälchen pro Fenster.

SO GEHT'S

- Je zwei Kinder dürfen gemeinsam ein Fenster mit Schneeflocken verschönern. Wollen viele Kinder mitmachen und es steht nur ein Fenster zur Verfügung, müssen sich die Kinder abwechseln.
- Zuerst reißen die Kinder das Papier in kleine Stücke und knüllen es so zusammen, dass Kügelchen entstehen. Diese sammeln sie in einer Schüssel.
- Die beiden Kinder nehmen jedes einen Pinsel. Sie tupfen damit etwas Kleister auf die Fensterscheibe und drücken dann eine Papierkugel auf den Kleisterpunkt. Evtl. müssen sie die Kugel einen Moment lang andrücken, bis sie haftet. Richtig fest kleben die Kugeln erst nach ein paar Stunden.
- Die Kinder gestalten ein Fenster mit vielen dieser »Schneeflocken«.

ABSCHLUSS

- Wer fertig ist, wäscht sich die Hände. Der Kleister geht am besten mit Spüli ab – besser als mit Seife.

TIPP

Wenn Sie die Flocken später wieder von den Fenstern entfernen möchten, verwenden Sie warmes Spülmittel-Wasser dafür und wischen Sie die Kugeln samt Kleister einfach damit ab.

Wann kommt der erste Schnee?

Im Bilderbuch »Herr Eichhorn und der erste Schnee« suchen die Tiere im Wald nach einer Schneeflocke. In der Kita spielen die Kinder ein Schneeflockensuchspiel, bei dem besondere Aufmerksamkeit und genaues Hinsehen erforderlich sind.

So geht's

- Die Kinder setzen sich in einen Stuhlkreis.
- Ein Kind wird ausgewählt oder meldet sich freiwillig als Sucher. Es ist das Eichhörnchen.
- Das Kind geht aus dem Raum (z. B. in einen Nebenraum oder in den Gang).
- Nehmen Sie die Mini-Watte-Flocke und setzen Sie sie einem der Kinder aus dem Kreis auf die Kleidung oder in die Haare (z. B. bei Locken). Die Flocke darf nicht herunterfallen.
- Holen Sie das »Eichhörnchen« herein. Entweder gehen Sie selbst oder alle rufen »Eichhörnchen, komm rein, es hat geschneit!«
- Das Suchkind stellt sich in den Kreis und sucht die Schneeflocke. Dafür muss es alle Kinder reihum genau betrachten. Es darf auch außen um den Kreis herumgehen und die Kinder von hinten ansehen. Die Kinder im Kreis müssen ganz still sitzen und dürfen auch durch Blicke nicht verraten, wo die Schneeflocke versteckt ist.
- Hat das »Eichhörnchen« die Flocke gefunden, geht das Kind hinaus, das die Flocke an sich hatte (oder es wählt einen Freiwilligen, wenn es selbst nicht möchte). Das erste »Eichhörnchen« darf die Flocke neu platzieren und setzt sich auf den freien Platz. Es darf sie nicht selbst am Körper behalten, da es ja dann erneut dran wäre.

Variation

- Natürlich können Sie das Spiel auch draußen im Garten oder im Wald spielen. Hier ist es dann aber spannender, die Flocke in die Natur zu legen und sie dort zu suchen. Vielleicht verstecken Sie ganz viele Flocken und die Kinder dürfen sie gleichzeitig suchen. Denken Sie daran, die Flocken vorher zu zählen, damit Sie später wissen, ob alle gefunden wurden!

Schneeflockensuche

Ziele
- → Spielregeln verstehen und umsetzen
- → Wahrnehmung und Aufmerksamkeit schulen

Alter
3–6 Jahre

Gruppengröße
KG

Dauer
10 Minuten

Materialien
- → Wattekugel (oder Klett-Kugel, Mini-Pompon)

Was ist weich und nass und kalt?

Ziele
- → Spielregeln verstehen und umsetzen
- → Aufmerksamkeit schulen
- → Wortschatz erweitern

Alter
5–6 Jahre

Gruppengröße
KG

Vorbereitungszeit
1 Stunde

Dauer
15 Minuten

WANN KOMMT DER ERSTE SCHNEE?

Die Tiere, die noch nie eine Schneeflocke gesehen oder gefühlt haben, können sie sich nicht recht vorstellen. Vieles ist nass, kalt und weich, so wie es der Bock beschrieben hat. Bei einem Spiel, ähnlich dem »Ich sehe was, das du nicht siehst«, üben die Kinder, Dinge treffend zu beschreiben.

SO GEHT'S

- Die Kinder sitzen auf dem Boden, auf Stühlen oder Matratzen.
- Erklären Sie kurz die Regeln:
  - Einer denkt sich ein Ding, einen Gegenstand, es kann auch ein Tier oder eine Pflanze sein.
  - Er beschreibt es mit ca. drei Eigenschaften (also: wie es ist). Auch Farben sind erlaubt. Am besten sind Beschreibungen, die sich aufs Fühlen beziehen (Wie fühlt es sich an?).
  - Die anderen versuchen, zu erraten, was sich das Kind gedacht hat.
  - Die Gruppe darf weitere Fragen zu Eigenschaften und Verwendungsmöglichkeiten stellen, auf welche die Person mit Ja oder Nein antworten kann.
  - Wer es errät, darf als Nächstes etwas beschreiben.
- Beginnen Sie mit der ersten Beschreibung, um zu veranschaulichen, wie das Spiel geht, z. B. »Es ist rund, glatt und leicht.« Die Kinder fragen: »Ist es groß?« – »Nein.«, »Ist es klein?« – »Nein.« Schwierige Fragen, denn die Größe ist relativ. Helfen Sie, indem Sie ein paar Tipps geben, was die Kinder fragen könnten. Jetzt fragen die Kinder vielleicht, was man damit machen kann. »Kann ich es essen?«, »Ist es was zum Spielen?« Irgendwann erraten sie es – es ist ein Ball.

VARIATION

- Um das Spiel leichter zu machen, dürfen nur sichtbare Dinge aus der Umgebung verwendet werden.

Wann kommt der erste Schnee?

Wie fühlt sich Schnee an? Das ist schwer zu beschreiben, wenn man ihn nicht in Händen hält. Die Kinder fühlen verschiedene Materialien und können bald Unterschiede feststellen. Führen Sie dieses Angebot jeweils mit zwei Kindern durch.

Vorbereitung

- Bauen Sie das Material in einem Nebenraum auf einem Tisch auf.
- Schütten Sie die verschiedenen Materialien in die Wannen. Stellen Sie das warme Wasser ganz nach außen und daneben z. B. die Watte. So bleiben kalte Dinge länger kalt und das Wasser länger warm.
- Breiten Sie die Decke über die Wannen aus.

So geht's

- Gehen Sie mit den beiden Kindern in den Nebenraum und erklären Sie kurz den Ablauf.
- Verbinden Sie den beiden die Augen mit den Tüchern.
- Nehmen Sie die Decke von den Materialien ab und führen Sie die Kinder zur ersten Wanne. Bitten Sie die Kinder, nicht zu sagen, was darin ist, falls sie es wissen.
- Die Kinder fassen hinein und fühlen, was darin ist. Sie beschreiben, wie es sich anfühlt, z. B. nass, warm, kalt, glitschig, hart, eisig.
- Führen Sie die Kinder zur nächsten Schüssel. Wieder beschreiben sie, was sie fühlen. Fragen Sie nach Unterschieden zum ersten Material. Was ist gleich? Ist es wärmer, kälter…?
- Fahren Sie so fort, bis die Kinder alle Materialien gefühlt haben.
- Mit dem Handtuch, das Sie bereitgelegt haben, können Sie den Kindern die Hände zwischen den Wannen und am Ende abtrocknen.
- Breiten Sie die Decke wieder über die Wannen und nehmen Sie den Kindern die Augenbinden ab.
- Jetzt dürfen die beiden endlich raten, was sie ertastet haben, und anschließend nachsehen. Haben sie alles erkannt?

Abschluss

- Bitten Sie die Kinder, die nächsten beiden Mitspieler hereinzuschicken. Aber, ganz wichtig, sie dürfen nichts verraten, damit die anderen auch noch Spaß am Tasten und Raten haben.

Fühl mal!

Ziele
- Tastsinn schulen
- Wortschatz erweitern

Alter
3-6 Jahre

Gruppengröße
KG

Vorbereitungszeit
15 Minuten

Dauer
10 Minuten

Materialien
- mind. 4 kleine Wannen oder Schüsseln
- 2 Handtücher
- 2 Halstücher (Augenbinden)
- 1 Decke
- einige Eiswürfel
- ca. 1 l warmes Wasser
- Schnee
- Watte
- kalte Steine oder Eisenteile (z. B. Muttern)

Tipp

Wenn es noch nicht geschneit hat, können Sie im Gefrierschrank nachsehen, ob dort etwas Eis »gewachsen« ist, und dies vorsichtig in eine Schüssel kratzen.

WENN DU EINE STERNSCHNUPPE SIEHST, WÜNSCH DIR WAS

» Du, Schneeball, ich wohne noch gar nicht so lange hier. Die Wege sind mir etwas fremd. Und einen Freund habe ich auch noch nicht …«

Zitat aus dem Bilderbuch »Wenn du eine Sternschnuppe siehst, wünsch dir was«

Der kleine Maulwurf stapft ganz allein durch den Schnee. Er ist noch neu hier, kennt sich nicht gut aus und hat keine Freunde. Da findet er einen Schneeball und nimmt ihn sich als Freund. So ein Schneefreund kann gut zuhören! Man kann ihn beliebig formen, so wie es gerade passt. Der kleine Maulwurf nimmt ihn sogar mit in den Bus. Doch plötzlich ist der Schneefreund weg.

Ein Freund kann einem zur Seite stehen, wenn man sich allein fühlt. Die Kinder kennen sicher das Gefühl, wann man mal ängstlich ist, weil man sich nicht auskennt oder alles fremd ist.

Nicht jedes Kind hat einen echten Freund oder eine Freundin. Ein Fantasiefreund oder einer aus Schnee, wie beim Maulwurf, vielleicht auch ein Teddybär oder eine Puppe kann Trost spenden und ist immer da, wenn man jemanden zum Reden braucht.

Im Gespräch philosophieren die Kinder darüber, was »Freund« bedeutet und wer alles Freund sein kann. Dabei überlegen sie auch, ob es möglich ist, etwas wie Schnee als Freund zu haben. Die Kinder gestalten ihren besten Freund, den sie sich wünschen würden, wenn sie eine Sternschnuppe sähen. Und sie malen die Menschen, Tiere und Fantasiewesen in einen Bus hinein, die sie zu Weihnachten einladen möchten. Wie der kleine Maulwurf im Bilderbuch beschäftigen sich auch die Jungen und Mädchen mit Schnee. Sie rollen viele gleich große Schneebälle und spielen damit. Sie bauen einen Schneemann, einen Schneebären oder einen Schneefreund und sie untersuchen Schnee auf seine Eigenschaften. Zur Stärkung backen sie Schneekugeln und essen sie gemeinsam auf.

Was ist ein Freund?

Ziele
- Kommunikationsfähigkeit trainieren
- Erzählfreude entdecken
- Philosophieren üben

Alter
5–6 Jahre

Gruppengröße
KG

Vorbereitungszeit
20 Minuten (am Vortag)

Dauer
15 Minuten

Materialien
- Bilderbuch »Wenn du eine Sternschnuppe siehst, wünsch dir was«

Zeit für Freunde und Familie

Der kleine Maulwurf im Bilderbuch ernennt einen Schneeball zu seinem Freund. Er formt ihn schließlich sogar so, dass er fast echt aussieht. Die Kinder tauschen sich darüber aus, wer von ihnen einen richtig guten Freund hat und was einen Freund ausmacht.

Vorbereitung

- Lesen Sie bereits am Vortag das Bilderbuch »Wenn du eine Sternschnuppe siehst, wünsch dir was« mit den Kindern, die gemeinsam philosophieren dürfen.

So geht's

- Setzen Sie sich mit den Kindern gemütlich zusammen. Ideal ist es, wenn die Kinder während des Gesprächs die Möglichkeit haben, näher zusammenzurücken oder aber sich etwas weiter auseinanderzusetzen. So kann jeder seinen persönlichen Raum einnehmen, den er benötigt, um nachzudenken, zuzuhören und zu erzählen.
- Zeigen Sie das Bilderbuch »Wenn du eine Sternschnuppe siehst, wünsch dir was«. Fassen Sie mit den Kindern zusammen, was darin passiert.
- Schlagen Sie die erste Doppelseite auf (Maulwurf entdeckt Schneeball). Fragen Sie, wie es dem Maulwurf geht, was er fühlt und denkt. Kennen die Kinder solche Gefühle, solche Situationen, solche Momente?
- Der Maulwurf ernennt den Schneeball zum Freund. Regen Sie an, über Freunde nachzudenken, und bitten Sie die Kinder, ihre Gedanken mitzuteilen. Folgende Fragen können Sie als Impuls dazu stellen:

? Was ist ein Freund?
? Wie ist ein Freund?
? Wer ist ein Freund?
? Wofür brauchst du einen Freund?
? Wie sieht ein Freund aus?
? Was macht ein Freund?
? Wie fühlt sich Freundschaft an?

Abschluss

- Fassen Sie mit den Kindern kurz zusammen, welche Gedanken im Gespräch aufgetaucht sind. Dies soll nur ein einfacher Rückblick sein, wie »Freunde sind wichtig, weil sie uns helfen. Auch ein Kuscheltier kann ein Freund sein …«.

Variation

- Das philosophische Gespräch können Sie auch direkt im Anschluss an das Vorlesen des Buches durchführen. Allerdings sollten die Kinder dazu bereit sein und ihre Aufmerksamkeit noch ausreichen.

Sternschnuppe to go

Ach, wäre es schön, man könnte sich einfach so etwas wünschen. Im Buch vom Maulwurf empfiehlt die Großmutter: »Wenn du eine Sternschnuppe siehst, dann wünsch dir was«. Die Kinder sind aber selten nachts draußen und deshalb basteln sie sich ihre Sternschnuppen selbst.

Vorbereitung

- Richten Sie das Material auf einem Basteltisch her.
- Schneiden oder reißen Sie das gelbe bzw. goldene Papier auf etwa DIN-A5-Größe.
- Rollen Sie das Seidenpapier zu einer Rolle und schneiden Sie für jedes Kind einen Ring von etwa 1 cm Breite ab. Haben Sie nur Reste von Seidenpapier, müssen Sie einzelne Streifen schneiden.

So geht's

- Die Kinder stellen oder setzen sich an den Basteltisch.
- Erinnern Sie an den Maulwurf, der eine Sternschnuppe gesehen hat und sich etwas wünschte. Fragen Sie nach, wer auch schon eine Sternschnuppe gesehen hat. Wie sah sie aus?
- Schlagen Sie vor, eine Sternschnuppe zu basteln, die man selbst werfen kann.
- Die Kinder nehmen ein gelbes bzw. goldenes Papier und knüllen es zu einer Kugel zusammen.
- Sie nehmen sich einen der Seidenpapierringe und öffnen ihn. Je nach Länge des Streifens reißen sie ihn in zwei bis vier Stücke.
- Sie kleben mit Klebestift etwa drei bis vier Streifen an die Kugeln. Die Streifen sollen den Schweif der Sternschnuppe darstellen.

Abschluss

- Die Kinder werfen ihre Sternschnuppen hoch oder einander zu und beobachten, wie die »Feuerschweife« hinterherwehen. Etwaige Wünsche dürfen natürlich nicht verraten werden.

Ziele
- Kreativität und Fantasie entwickeln
- Feinmotorik trainieren

Alter
3-6 Jahre

Gruppengröße
KG

Vorbereitungszeit
5 Minuten

Dauer
10 Minuten

Materialien
- gelbes Papier oder Goldpapier
- Klebestifte
- 1 großer Bogen gelbes Seidenpapier (oder Reste)

Tipp

Basteln Sie auch eine Sternschnuppe. Diese können Sie z. B. im Morgenkreis einsetzen. Werfen Sie sie jemandem zu. Das Kind, das sie auffängt, darf sich z. B. ein Spiel oder ein Lied wünschen. Für das Angebot »Mein Wunschfreund« ist die Sternschnuppe auch geeignet.

Mein Wunschfreund

Ziele
- Kreativität und Fantasie entwickeln

Alter
5–6 Jahre

Gruppengröße
KG

Vorbereitungszeit
5 Minuten

Dauer
15 Minuten

Materialien
- 1 Tonpapier für jedes Kind (rot, blau, gelb, grün)
- alte Kataloge, Zeitschriften
- Scheren
- Klebstifte
- Buntstifte
- 1 »Sternschnuppe to go« (siehe vorheriges Projekt)

ZEIT FÜR FREUNDE UND FAMILIE

Wie wäre es, wenn man sich einen Freund wünschen könnte? Vielleicht, wenn man eine Sternschnuppe sieht wie der kleine Maulwurf? Die Kinder gestalten sich einen solchen »Wunschfreund« als Collage und erzählen, was er alles kann. Führen Sie dieses Angebot insbesondere mit den älteren Kindern durch, die bereits beim Philosophieren dabei waren.

VORBEREITUNG

- Richten Sie alle Materialien auf einem Basteltisch her.

SO GEHT'S

- Sprechen Sie kurz mit den Kindern über Freunde bzw. die Freundschaft des Maulwurfs mit dem Schneeball. Fragen Sie nach, was der perfekte Freund können soll und wie er aussehen soll.
- Nutzen Sie die »Sternschnuppe to go«, um den Kindern das Wünschen und Vorstellen leichter zu machen. Werfen Sie sie hoch und bitten Sie die Kinder dann, sich ihren Wunschfreund aus Bildern zusammenzustellen.
- Jedes Kind sucht sich ein Tonpapier aus und legt es vor sich. Es schreibt seinen Namen unten oder auf die Rückseite.
- Jetzt blättern die Kinder durch die Zeitschriften und reißen oder schneiden Bilder von Menschen, Körperteilen, Kleidung, Tieren usw. heraus, die zu ihrem Freund passen.
- Die Mädchen und Jungen legen die Bildausschnitte auf ihr Tonpapier und setzen daraus einen Freund zusammen. Gefällt ihnen, was sie kreiert haben, kleben sie die Ausschnitte auf.
- Wer mag, kann mit Buntstiften noch Details aufzeichnen.

ABSCHLUSS

- Jedes Kind stellt seinen Freund vor. Warum sieht er genau so aus? Was kann er? Wie ist er?
- Wenn möglich, hängen Sie die Bilder auf, damit die Kinder sie noch einige Tage lang immer wieder betrachten und darüber sprechen können.

Weinachts-bus

Der kleine Maulwurf formt sich einen kleinen Schulfreund aus Schnee und schafft es, dass dieser mit in den Bus einsteigen darf. Gemeinsam fahren sie nach Hause. Zumindest wollen sie das. Doch der Schneefreund schmilzt. Die Kinder überlegen sich, wen sie gerne zu Weihnachten nach Hause einladen möchten. Diese Person, dieses Tier oder dieses Fantasiewesen zeichnen sie in einen Bus. Bald sind alle Plätze besetzt!

Ziele
- Kreativität und Fantasie entwickeln

Alter
4–6 Jahre

Gruppengröße
KG

Vorbereitungszeit
10 Minuten

Dauer
1 Stunde

Materialien
- großes, festes Papier (z. B. Tapete)
- Klebeband
- Buntstifte
- Wachskreide
- schwarzer, dicker Marker
- Bilderbuch »Wenn du eine Sternschnuppe siehst, wünsch dir was«

VORBEREITUNG

- Schneiden Sie einen großen Bogen Papier zu (z. B. 100 cm x 60 cm).
- Befestigen Sie das Papier an einer glatten Wand, auf einem großen Malbrett oder auf einem glatten Fußboden mit Klebeband.
- Zeichnen Sie mit Marker einen Bus-Innenraum auf. Die Zeichnung muss nicht perfekt sein, die Kinder sollen nur erkennen, dass es Sitzplätze für ihre Figuren gibt.

SO GEHT'S

- Jeweils ein bis drei Kinder dürfen gleichzeitig zeichnen, je nachdem, wie groß das Malpapier ist.
- Besprechen Sie mit den Jungen und Mädchen, warum Sie einen Bus vorgezeichnet haben: Erinnern Sie an die Geschichte vom Maulwurf und seinem Schneefreund. Evtl. zeigen Sie das Bild vom Innenraum des Busses noch einmal.
- Fragen Sie, wen die Kinder im Bus zu sich nach Hause schicken wollen, um gemeinsam die Weihnachtstage zu verbringen.
- Die Kinder dürfen direkt zeichnen, was ihnen dazu einfällt. Jeder darf eine Figur zeichnen, die im Bus sitzt, liegt, hängt, fliegt …

ABSCHLUSS

- Sind die Kinder fertig, erzählen sie, wen sie gezeichnet haben und warum.
- Die nächste Kleingruppe darf jetzt ihre Wesen in den Bus zeichnen.

TIPP

Ist das Bild, also der Bus, voll, können Sie ja noch einen weiteren Bus vorzeichnen, damit noch mehr Kinder mitgestalten dürfen. Hängen Sie die Bilder in einem Gang nebeneinander auf, damit alle Kinder und Besucher sie ansehen und sich darüber unterhalten können.

Schneeballschlacht

Ziele
- → Fein- und Grobmotorik trainieren
- → Koordination stärken

Alter
3–6 Jahre

Gruppengröße
KG, GG

Dauer
15 Minuten

Schneemann, Schneefrau, Schneebär

So viel Schnee wie beim Maulwurf gibt es bei uns nur selten. Wenn aber etwas Schnee liegt, müssen wir alle unbedingt damit spielen. Weil eine richtige Schneeballschlacht in den meisten Kitas aus Sicherheitsgründen verboten ist, machen die Kinder eben eine Zielwurfschlacht daraus. Beim Formen möglichst gleicher Schneebälle trainieren sie ganz nebenbei ihre Fingerfertigkeit.

So geht's

- Suchen Sie mit den Kindern draußen im Garten oder in einem Park einen Platz, wo möglichst viel Schnee liegt, der noch nicht niedergetreten wurde.
- Schlagen Sie vor, eine »Schneeballzielwurfschlacht« zu veranstalten.
- Fordern Sie die Kinder auf, viele möglichst gleich große und gleich feste Schneebälle zu formen. Diese legen sie alle auf eine Stelle.
- Außerdem formen Sie mit den Kindern eine größere Schneekugel von mindestens 20 cm Durchmesser.
- Die große Kugel legen Sie auf eine Erhöhung, z. B. ein Spielgerät oder einen Baumstumpf. Sie können mit den Kindern auch einen Schneehügel dafür aufbauen.
- Markieren Sie im Schnee eine Linie, mit etwa 2 m Abstand zur Kugel.
- Nun dürfen die Kinder versuchen, die Kugel mit ihren zuvor geformten Schneebällen vom Sockel zu schubsen. Dafür stellen sie sich hinter die Linie und werfen einzeln nacheinander oder z. B. jeweils zu zweit.

Variation

- Das Spiel lässt sich beliebig variieren. Z. B. können die Kinder in einen Behälter werfen oder auf ein besonders hohes Ziel.

Eine Schnee-familie

Ziele
- Kreativität und Fantasie entwickeln
- Motorik trainieren

Alter
3–6 Jahre

Gruppengröße
GG

Dauer
30 Minuten

Materialien
- Fotoapparat

Schneemann, Schneefrau, Schneebär

Der Maulwurf im Bilderbuch »Wenn du eine Sternschnuppe siehst, wünsch dir was« formt sich aus einem Schneeball eine Schneekugel, einen großen Schneebären und schließlich einen kleinen Schneefreund. Gibt es gerade genug Schnee, können die Kinder selbst ebenso kreativ werden und eine ganze Schneefamilie bauen.

So geht's

- Die Kinder ziehen sich warm an – Handschuhe nicht vergessen!
- Draußen suchen alle gemeinsam einen Platz mit viel Schnee, der noch möglichst unberührt ist.
- Erinnern Sie an die Geschichte vom Maulwurf, der sich einen Freund aus Schnee formt. Schlagen Sie vor, Schneemänner, Schneefrauen und -kinder zu formen oder aber Schneetiere, Schneewesen …
- Die Kinder können sich in Kleingruppen zusammentun oder allein bauen. In Gruppen müssen sie sich absprechen, wie das Schneewesen aussehen soll.
- Zeigen Sie den Kindern, die Interesse haben, wie man aus einem Schneeball eine große Kugel formt, indem man den Ball unter leichtem Druck über den Schnee rollt.
- Fordern Sie die Kinder auf, sich gegenseitig zu helfen, große Kugeln aufeinanderzusetzen.
- Verziert werden die Schneefiguren mit kleinen Aststücken, Zweigen, alten Blättern, Steinen usw.

Abschluss

- Sind die Schneewesen fertig, sehen sich alle zusammen an, was entstanden ist. Wer mag, erzählt etwas dazu.
- Fotografieren Sie alle Figuren einzeln mit und ohne Kinder. Die Fotos können Sie später ausstellen und den Kindern für Portfolioeinträge geben.

Schnee ist Schnee, oder?

Ziele
- naturwissenschaftliche Erfahrungen sammeln

Alter
3–6 Jahre

Gruppengröße
KG

Vorbereitungszeit
10 Minuten

Dauer
15 Minuten

Materialien
- 1 Handtuch
- 6 Schüsseln
- 2 Kannen
- 1 Eiswürfelbehälter
- 1 Schaufel
- 1 Teelöffel

SCHNEEMANN, SCHNEEFRAU, SCHNEEBÄR

Der Schneebärfreund des kleinen Maulwurfs im Bilderbuch »Wenn du eine Sternschnuppe siehst, wünsch dir was« schmilzt im warmen Bus einfach so weg und hinterlässt eine Pfütze. Der Maulwurf versteht das nicht. Und die Kinder? Hier lernen sie die Eigenschaften von Schnee und Eis genauer kennen.

VORBEREITUNG

- Frieren Sie am Vortag Wasser in einem Eiswürfelbehälter ein.
- Legen Sie ein Handtuch auf einen Tisch und stellen Sie die Schüsseln darauf.
- Stellen Sie eine Kanne mit heißem und eine mit kaltem Wasser dazu.
- Schütten Sie die Eiswürfel in eine der Schüsseln.

SO GEHT'S

- Zwei Kinder holen von draußen Schnee. Dafür benutzen sie die Schaufel, mit der sie den Schnee in eine der Schüsseln füllen.
- Stellen Sie die Schneeschüssel auf den Tisch, während die beiden Kinder wieder zur Gruppe kommen.
- Geben Sie jedem Kind mit einem Teelöffel etwas Schnee auf die Hand, damit sie beobachten können, was passiert.
- Nun dürfen die Kinder auch einen Eiswürfel in die Hand nehmen.
- Bald merken sie, egal ob Schnee oder Eis, auf der warmen Hand schmilzt es und wird zu Wasser. Lassen Sie die Kinder dies selbst erläutern und helfen Sie beim Benennen der Zustände und Vorgänge (z. B.: fest, flüssig, schmelzen usw.).
- Nun probieren sie noch mehr aus:
  - Sie schütten kaltes Wasser in eine Schüssel und überlegen, was wohl schwimmt: Eis oder Schnee? Die Kinder probieren es aus.
  - Sie schütten heißes Wasser in eine Schüssel und testen, was passiert, wenn sie Schnee und Eis hineingeben. Schwimmt nun das Eis ebenfalls?
  - Zuletzt können sie kaltes Wasser und auch Schnee in den Eiswürfelbehälter geben und einfrieren. Am nächsten Tag sehen sie nach, was passiert. Ist Schnee entstanden?

ABSCHLUSS

- Reflektieren Sie kurz mit den Kindern, welche Erkenntnisse sie gewonnen haben, und räumen Sie gemeinsam auf.

Schneemann, Schneefrau, Schneebär

Bei all den winterlichen Beschäftigungen und dem Spiel und Spaß im Schnee haben die Kinder sicher auch Lust, einmal Schnee zu essen. Das ist aber nicht gesund, weil dieser zu kalt und oft zu schmutzig ist. Sie bereiten sich eine süße Nascherei zu, die aussieht wie kleine Schneekugeln. Dabei üben sie, in einer Kleingruppe als Team zusammenzuarbeiten und mit Angaben aus einem Rezept umzugehen.

Vorbereitung

- Richten Sie das Material und die Zutaten auf einem Tisch oder der Küchenarbeitsplatte her.

So geht's

- Die Kinder waschen sich gründlich die Hände und versammeln sich an der Arbeitsfläche.
- Erklären Sie das Vorhaben, essbare Schneebälle herzustellen.
- Arbeiten Sie gemeinsam mit den Kindern nach folgendem Rezept:
  - den Tortenboden in die große Schüssel zerbrechen und zerbröseln
  - die saure Sahne zugeben
  - die süße Sahne abmessen und dazugeben
  - die Zitrone heiß waschen und etwa ¼ der Schale in die Schüssel reiben
  - Vanillezucker zugeben
  - alles mit den Händen zu einer geschmeidigen Masse verkneten
  - Kokosraspel in den Teller geben
  - aus dem Teig kleine Kugeln formen und diese sofort in Kokos wälzen, dabei leicht andrücken
  - die Papierförmchen einzeln aufstellen
  - die Kokosbällchen in die Papierförmchen geben
  - nach Belieben die Schneebälle bis zum Verzehr einfrieren, kühlen oder bis zu ca. 30 Minuten im Zimmer stehen lassen

Abschluss

- Alle räumen gemeinsam auf und natürlich werden die Schneebälle später zusammen mit den anderen Kindern der Gruppe gegessen.

Leckere Schneekugeln

Ziele
- ein Rezept verstehen und umsetzen

Alter
4–6 Jahre

Gruppengröße
KG

Vorbereitungszeit
10 Minuten

Dauer
30 Minuten

Materialien
- 1 große Schüssel
- 2 Suppenteller
- 1 EL
- 1 feine Reibe
- ca. 25 Papierförmchen (Muffinformen)
- Zutaten:
- 1 Tortenboden
- 1 kleiner Becher saure Sahne
- 3 EL süße Sahne
- 1 Pck. Vanillezucker
- 1 Bio-Zitrone
- 1 Pck. Kokosraspeln

WAS WAR HIER BLOSS LOS?

»Von wem sind all diese Spuren?«

Zitat aus dem Bilderbuch »Was war hier bloß los?«

Ein Bett mit Decke, da lugt ein Wuschelkopf hervor. Ein Bär, ein paar Hausschuhe und im Hintergrund ein Badezimmer. Wer schläft da wohl? Im nächsten Bild sind Spuren zu sehen. Da ist jemand gelaufen, erst ohne, dann mit Hausschuhen, denn die sind nun weg. Ein Junge ist hier unterwegs und manchmal auch ein Hund. Sie laufen draußen herum und stapfen durch den Schnee. Dabei treffen sie auch auf Spuren anderer Lebewesen, wie die eines Vogels. Auf jedem Bild in diesem Buch hat sich etwas verändert und es ist etwas geschehen, das sich anhand von Spuren nachvollziehen lässt.

Beim Betrachten dieses Bilderbuches haben die Kinder die Möglichkeit, sich selbst auszudenken, wer hier etwas tut und was genau passiert. So kommen sie vom genauen Hinsehen ins Erzählen und können sich gegenseitig dabei ergänzen. Die Jungen und Mädchen stellen schließlich fest, dass im Bilderbuch eine Art Tagesablauf erzählt wird. Und sie überlegen, wie denn ihr Tag am Wochenende aussieht, wenn sie nicht in der Kita sind. Sicher gibt es viele Parallelen zum Tag des Kindes im Buch. Aber manches ist auch ganz anders. Das Bilderbuch »Was war hier bloß los?« hat keinen Text, sondern erzählt die Geschichte stellvertretend über die Spuren in den Bildern. Die Kinder gestalten Bilder von Spuren ihrer Füße und hängen sie auf, damit andere raten können, wessen Spuren es jeweils sind. Und bei einer Spurensuche kann die ganze Kita-Gruppe zeigen, wie genau sie hinsehen und Spuren lesen kann.

Eine Schnitzeljagd ist auch eine Art Spurensuche, bei der die Jungen und Mädchen Geduld und Ausdauer beweisen müssen.

Was war hier bloß los?

Ziele
- Aufmerksamkeit schulen
- Kommunikationsfähigkeit üben

Alter
3 – 6 Jahre

Gruppengröße
KG

Dauer
10 Minuten

Materialien
- Bilderbuch »Was war hier bloß los?«

Erzähl mal!

Die Spuren im Haus und draußen führen die Betrachter durch das Bilderbuch »Was war hier bloß los?«. Wenn sie genau hinsehen und ihre eigenen Erfahrungen einbringen, können sie gemeinsam nachvollziehen, was im Buch passiert.

So geht's

- Setzen Sie sich mit den Kindern zusammen gemütlich hin und achten Sie darauf, dass alle das Buch gut sehen können.
- Zeigen Sie das Buch, indem Sie jeweils die Seiten aufschlagen und zunächst auf die Kinder wirken lassen. Nun dürfen die Kinder beschreiben, was sie sehen, und schließlich erzählen, was wohl in der Geschichte passiert.
- Die Kinder können dem Jungen im Buch einen Namen geben, wenn sie möchten.
- Beim ersten Bild ist noch nicht viel passiert. Vielleicht erzählen die Kinder, wie es bei ihnen zu Hause aussieht. Haben sie auch ein Bad direkt neben ihrem Zimmer? Ist das Zimmer auch so leer, ohne Bilder und ohne Teppich?
- Auf den nächsten beiden Bildern sind nun schon Spuren zu sehen. Sicher können die Kinder das Beschreiben und das Ausdenken einer Geschichte nicht gut voneinander trennen. Doch es ist sinnvoll, zunächst zu sammeln, was alles zu sehen ist, um alle Details zu finden. Beispielsweise: Der Junge liegt nicht mehr im Bett. Die Decke ist zurückgeschlagen. Der Schlafanzug liegt auf dem Bett. Da, wo vorhin der Name des Buches stand, ist jetzt ein Bild zu sehen. Auf dem Boden sind Spuren von nackigen Füßen, die ins Bad führen …
- Jetzt erzählen die Kinder wieder, was passiert sein könnte, z. B.: Der Junge ist aufgestanden und hat sich seinen Schlafanzug ausgezogen. Er hat seine Hausschuhe angezogen und ist ins Bad gegangen …
- Fragen Sie nach, ob die Kinder auch schon einmal so einen Tag erlebt haben.
- Sprechen Sie auch darüber, ob zu Hause auch solche Spuren auf dem Boden sind.

Abschluss

- Erzählen Sie von den geplanten Aktionen, die Sie mit den Kindern unternehmen möchten. Vielleicht haben die Kinder selbst Ideen passend zum Bilderbuch, die in die Planung einfließen können.

Erzähl mal!

Der kleine Junge im Bilderbuch »Was war hier bloß los?« erlebt so einiges an einem Tag. Die Kinder haben schon bemerkt, dass er nicht in der Kita ist und es sich offenbar um einen Ferientag oder ein Wochenende handeln muss. Jetzt überlegen sie, was sie so alles an kitafreien Tagen erleben.

Ein Tag am Wochenende

Ziele
- Kommunikationsfähigkeit üben
- Sprechfreude entwickeln

Alter
3 – 6 Jahre

Gruppengröße
KG, GG

Dauer
10 Minuten

So geht's

- Setzen Sie sich mit den Kindern zusammen, z. B. im Morgenkreis.
- Erinnern Sie an das Bilderbuch »Was war hier bloß los?«, das die Kinder im besten Fall am Vortag zusammen betrachtet und über das sie sich unterhalten haben.
- Fassen Sie mit den Kindern die Geschichte im Buch kurz und grob zusammen.
- Fragen Sie nach, an welchem Tag das Kind seine Spuren hinterlässt. Die Kinder nennen vielleicht bestimmte Wochentage und kommen bestimmt bald darauf, dass es sich um einen Tag handeln muss, an dem keine Kita ist. Welche Tage sind das? Feiertage, Wochenenden, Ferien?
- Fragen Sie nach, was die Kinder an solchen Tagen machen. Sammeln Sie, was die Kinder erzählen.
- Fragen Sie konkret nach, was den Kindern an freien Tagen besonders viel Spaß macht, ob sie lieber allein oder mit den Eltern etwas erleben wollen und wer sonst noch dabei sein könnte. Wahrscheinlich finden es manche Kinder schön, einfach mal auszuschlafen und im Schlafanzug rumzulaufen, andere wollen gleich raus und rumtoben oder lieber die Oma besuchen.
- Überlegen Sie mit den Kindern, wie sie diese Bedürfnisse in den Kita-Alltag integrieren können. Z. B. könnte es einmal einen »Schlafanzugtag« geben oder die Kinder spielen »Besuch bei der Oma« mit Kinderkaffee und Kuchen. Einen Ausflug mit den Eltern könnte es ebenso geben, sofern diese Zeit dafür finden, wie einen Spaziergang im Schnee.

Abschluss

- Bitten Sie die Kinder, sich gut zu merken, was sie am nächsten Wochenende alles erleben, um es dann im Morgenkreis am folgenden Montag zu erzählen.

Unser Kalender

Ziele
→ Wochentage kennenlernen

Alter
5–6 Jahre

Gruppengröße
KG

Vorbereitungszeit
5 Minuten

Dauer
15 Minuten

Materialien
- → 1 Holzbrett (ca. 2 cm x 20 cm x 34 cm)
- → Kastanienbohrer oder Akkubohrer
- → Schleifpapier
- → 6 Nägel (ca. 2 cm lang, mit Kopf)
- → 2 Nägel (ca. 3 cm) oder Schrauben und Dübel
- → 1 Hammer
- → Fotokarton
- → Lineal
- → Cutter
- → Locher
- → Marker
- → Acrylfarben
- → Pinsel

Erzähl mal!

Im Bilderbuch »Was ist hier bloß los?« verbringt ein Junge einen schönen Tag, mal drinnen und mal draußen. Wie die Kinder bereits festgestellt haben, muss dies an einem Tag passiert sein, als keine Kita war. Damit sie die Wochentage besser kennenlernen und unterscheiden können, basteln sie einen Kalender.

Vorbereitung

- Schneiden Sie aus dem Fotokarton folgende Karten zu:
  - 15 x 2 cm x 4 cm
  - 19 x 10 cm x 4 cm
- Lochen Sie die Karten gleichmäßig am oberen Rand (die großen Karten zwei Löcher, die kleinen ein Loch)
- Beschriften Sie die Karten folgendermaßen:
  - die Wochentage und Monate auf die großen Karten (Lassen Sie hier jeweils rechts oder links etwas Platz für ein kleines Bild.)
  - die Zahlen 0-9 auf zehn kleine Karten
  - auf weitere drei kleine Karten die Zahlen 1 und 2, eine Karte bleibt leer (für einstellige Wochentage)
  - zwei kleine Karten bleiben leer (Diese werden von den Kindern gestaltet.)
- Richten Sie die Materialien auf einem Basteltisch her.

So geht's

- Die Kinder versammeln sich am Basteltisch.
- Erklären Sie das Vorhaben, einen Kalender zu basteln.
- Zeigen Sie die beschrifteten Karten und lesen Sie vor, was darauf steht.
- Erläutern Sie, dass die Karten auf das Brett gehängt werden sollen, um den jeweiligen Tag ablesen zu können. Dafür müssen die Karten so gestaltet werden, dass auch die Kinder, ohne lesen zu können, wissen, welcher Tag und welcher Monat ist.

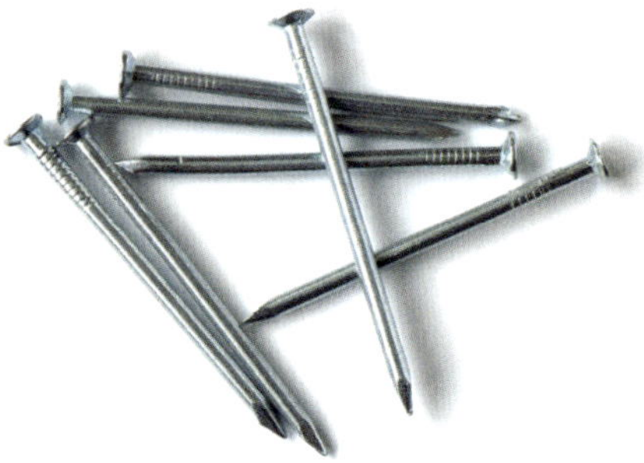

- Die Kinder haben nun verschiedene Aufgaben:
  - an den oberen Ecken des Brettes je ein Loch bohren, um das Brett später aufhängen zu können
  - das Holzbrett rundherum abschleifen (falls nötig)
  - die Nägel für die Karten anbringen: die Karten auflegen, mit einem Stift durch die Löcher markieren, wo sie platziert werden sollen; die Nägel nur etwa 0,5 cm einschlagen
  - die Wochentage- und Monatskarten so gestalten, dass ersichtlich ist, was draufsteht – Montag: Mond, Sonntag: Sonne, Dezember: Schneemann o. Ä. (Filzstifte)
  - die zwei leeren Karten mit Symbolen versehen, die darstellen, ob ein Kita-Tag ist oder nicht (die Kinder haben hier sicher gute Ideen.)
  - das Holzbrett bunt gestalten (mit Acrylfarben bemalen, die nach dem Trocknen wasserfest sind)
  - zum Schluss das Brett aufhängen (mit zwei Schrauben oder Nägeln an einer Wand oder Tür befestigen) und die Karten richtig auf die Nägel ordnen

Abschluss

- Schlagen Sie vor, nun jeden Tag im Morgenkreis den Tag auf dem Kalender einzustellen.

TIPP

Nutzen Sie die Zeit im Morgenkreis, um mit den Kindern täglich die Wochentage, den Monat, das Jahr und auch die Jahreszeit zu besprechen. Mithilfe des Kalenders werden Tage visualisiert. Um den Rhythmus einer Woche zu verinnerlichen, können Sie Rituale einführen. Z.B. legen Sie sieben Steine vor sich hin, die fünf Werktage sind grün, der Samstag ist blau, der Sonntag rot angemalt. Am Montag darf ein Kind den ersten Stein in die Mitte legen, es ist der erste Tag der Woche, usw.

Eine Tagesordnung

Ziele
→ zeitliche Orientierung entwickeln

Alter
4–6 Jahre

Gruppengröße
KG

Vorbereitungszeit
15 Minuten

Dauer
10 Minuten

Materialien
→ Fotokarton
→ Cutter und Lineal oder Schneidemaschine
→ Klebstift
→ Filzstifte
→ Bilderbuch »Was war hier bloß los?«

ERZÄHL MAL!

Wo ein Tag, wie ihn der Junge im Bilderbuch »Was war hier bloß los?« verbringt, haben die Kinder vermutlich noch nicht erlebt. Aber es gibt anderes, was sie tagsüber tun. In Gesprächen haben sie schon davon erzählt. Jetzt spielen sie mit Bildkarten, um einen Tagesablauf darzustellen.

VORBEREITUNG

- Schneiden Sie aus dem Karton mindestens zehn Karten aus.
- Zeichnen Sie auf die Karten verschiedene Elemente des Tages. Sie können diese aus dem Bilderbuch abzeichnen, abpausen oder sich von Dingen aus der Kita inspirieren lassen. Wichtig sind: Bett, Schlafanzug, Hausschuhe, Zahnbürste, Frühstück, Schuhe, Auto, Bus, zu Fuß gehen (z. B. ein Gehwegschild), Kita-Eingang usw.

SO GEHT'S

- Setzen Sie sich mit den Kindern an einen Tisch oder auf einen Teppich.
- Zeigen Sie die Karten und lassen Sie die Kinder zunächst selbstständig erkunden, was es damit auf sich haben könnte.
- Vermutlich haben die Jungen und Mädchen bald Ideen, was da alles abgebildet sein könnte. Bitten Sie sie darum, zu erzählen, was sie sehen.
- Regen Sie an, die Karten in eine Reihenfolge zu bringen: Was passiert zuerst, also früh am Morgen?
- Die Kinder legen die Karten, stets gemeinsam im Gespräch, in eine mögliche Reihenfolge. Nun können sie sich weiter darüber austauschen, ob das so funktioniert.
- Schlagen Sie vor, etwas zu verändern. Was wäre, wenn z. B. das Kind die Hausschuhe nicht gegen Straßenschuhe austauscht? Oder wenn es zum Kindergarten geht, ohne zu frühstücken? Kann man auch abends frühstücken?
- Achten Sie darauf, jeweils die Tageszeiten zu benennen und auch die Kinder dazu anzuregen.

ABSCHLUSS

- Die Kinder räumen die Karten an einen gut erreichbaren Platz, sodass sie jederzeit selbstständig mit den Karten spielen können.

TIPP
Wenn Sie ein Laminiergerät in der Einrichtung haben, können Sie die Karten damit haltbarer machen. Sie können auch Dinge fotografieren und diese Fotos als Karten verwenden.

So viele Spuren

Wenn draußen Schnee liegt, gibt es überall Spuren zu sehen. Nur der ganz frische Neuschnee ist noch rein und hat eine unberührte Oberfläche. Doch auch wenn kein Schnee liegt, gibt es Spuren zu entdecken, man muss nur noch genauer hinsehen.

Vorbereitung

- Informieren Sie die Eltern vorab über den kleinen Ausflug, z. B. mit einem Infoplakat, und bitten Sie um geeignete und wetterfeste Kleidung für die Kinder.

So geht's

- Versammeln Sie die Kinder und informieren Sie über das Vorhaben, Spuren zu suchen. Erinnern Sie an das Bilderbuch »Was war hier bloß los?« und die vielen Spuren, die darin zu sehen sind. Erklären Sie, dass Sie die Spuren fotografieren werden, damit alle sie später noch einmal ansehen können.

- Die Spurensuche beginnt schon gleich vor der Tür der Kita. Alle Kinder sehen genau nach, ob sie Spuren entdecken. Im Schnee ist das meist recht einfach: Da gibt es Fußabdrücke, Spuren von Kinderwagen und Radanhängern usw.

- Fotografieren Sie alle Spuren, die die Kinder finden.

- Gehen Sie mit der Gruppe weiter und regen Sie an, noch genauer hinzusehen und eventuell eine Lupe zu benutzen. Denn es gibt ja nicht nur Spuren von Menschen. Im Schnee finden die Kinder bald auch Fußspuren von Vögeln, Hunden und vielleicht sogar Hasen. Ganz besonders schön sind Abdrücke von auffliegenden Vögeln. Man sieht die Schwingen im Schnee.

- Bald merken die Kinder, dass Spuren sehr vielfältig sein können. Alles, was wir Menschen tun, hinterlässt irgendeine Spur. Leider bleibt dabei oft Müll liegen.

Abschluss

- Zurück in der Kita, evtl. auch etwas später, zeigen Sie die Fotos. Ideal ist es, wenn Sie sie gleich ausdrucken können. Lassen Sie die Kinder erklären, wessen Spur es jeweils ist, und schreiben Sie dies dazu.

- Hängen Sie die Bilder auf oder heften Sie alle zusammen in einen Ordner, damit die Kinder sich diese noch öfter ansehen und sich darüber unterhalten können.

Variation

- Nutzen Sie die Spurenbilder für weitere Gespräche. Die Kinder überlegen sicher gerne: »Was war hier bloß los?«.

Spuren überall

Ziele
→ Wahrnehmung schulen

Alter
3–6 Jahre

Gruppengröße
KG, GG

Vorbereitungszeit
5 Minuten

Dauer
1 Stunde

Materialien
→ Fotoapparat
→ Lupen

Fußstempelspuren

Ziele
- Kreativität entwickeln

Gruppengröße
KG

Vorbereitungszeit
5 Minuten

Dauer
10 Minuten

Materialien
- Maltischdecke
- Papier (DIN A2)
- Wasserfarben/Temperafarben
- breite Borstenpinsel
- Wasserbecher
- Lappen
- Bleistift

So viele Spuren

Im Bilderbuch »Was war hier bloß los?« sehen die Kinder viele Fußspuren. Auch draußen haben sie schon Spuren entdeckt. Jetzt hinterlassen sie ihre eigenen Spuren.

Vorbereitung

- Legen Sie die Maltischdecke auf den Boden.
- Richten Sie die Materialien darauf her.

So geht's

- Die Kinder setzen sich rund um die Maltischdecke.
- Erinnern Sie an das Bilderbuch »Was war hier bloß los?« und die vergangenen Projekte, die sich mit Spuren beschäftigt haben.
- Schlagen Sie vor, dass die Kinder nun ihre eigenen Spuren auf dem Papier hinterlassen dürfen.
- Die Kinder tun sich immer zu zweit zusammen, um sich gegenseitig zu helfen.
- Sie legen ein Papier auf die Maltischdecke.
- Ein Kind zieht sich die Hausschuhe und Socken aus. Das andere Kind bemalt ihm die Füße mit Wasserfarben. Achtung, das kitzelt ziemlich!
- Nun muss das Kind mit den bemalten Füßen vorsichtig aufstehen und auf das Papier steigen. Es soll darauf mehrere Schritte machen, am besten über das gesamte Papier laufen. Natürlich kann es auch darauf tanzen, stampfen oder hüpfen. Reichen Sie dem Kind die Hand, damit es nicht ausrutscht! Falls die Spuren zu trocken werden oder gar keine Farbe mehr von den Füßen auf das Papier übergeht, muss das zweite Kind die Füße erneut anmalen. Am besten bleibt das Kind dabei stehen.
- Wer die Füße nicht bemalen lassen will, kann auch mit den Händen Abdrücke machen.
- Nun wird getauscht, damit alle Kinder Spuren hinterlassen können.
- Beschriften Sie die Bilder auf der Rückseite mit Namen und Datum.

Abschluss

- Die Kinder wischen sich die Füße mit einem Tuch trocken und waschen anschließend ihre Füße im Bad.
- Hängen Sie die Bilder auf, damit sie noch länger von allen Kita-Kindern und Besuchern betrachtet werden können.

Variation

- Solch bedrucktes Papier ist auch ein wunderbares Geschenkpapier!

Tipp

Sie können diese Bilder auch für ein Spiel am Elternabend benutzen. Legen Sie die Bilder aus und bitten Sie die Eltern, herauszufinden, welches die Spuren ihres Kindes sind.

So viele Spuren

Im Bilderbuch »Was war hier bloß los?« gibt es vor allem Fußspuren zu sehen. Was wäre, wenn man ihnen folgte? Die Kita-Kinder veranstalten eine Schnitzeljagd und vertrauen dabei auf ihre Spuren im Schnee und andere selbst gelegte Spuren.

Vorbereitung

- Sorgen Sie dafür, dass ausreichend Proviant und Personal für den Ausflug vorhanden ist. Es sollen mindestens zwei pädagogische Fachkräfte eine Gruppe begleiten.
- Besprechen Sie vorab mit den Kolleg/innen, welchen Weg die Gruppen gehen sollen und wo der letztendliche Treffpunkt sein wird. So ist gewährleistet, dass die beiden Gruppen sich wiederfinden. Ideal sind Wege, auf denen sich viel Schnee befindet.

So geht's

- Versammeln Sie alle Kinder, um die Spurensuche zu besprechen.
- Erklären Sie die Regeln:
  - Eine Gruppe geht los und hinterlässt dabei Spuren für die zweite Gruppe. Die Spuren können Fußabdrücke im Schnee sein, aber auch andere Markierungen, wie Pfeile aus Zweigen oder in einen Kiesweg gekratzte Hinweise.
  - Die erste Gruppe wartet an einem Ort, bis die zweite Gruppe sie gefunden hat.
  - Niemand läuft von der Gruppe weg, alle bleiben immer in Sicht- und Rufweite!
- Nachdem die erste Gruppe losgegangen ist, wartet die zweite Gruppe ca. 30 Minuten (je nach geplanter Strecke). Sprechen Sie sich mit den Begleitern der ersten Gruppe ggf. per Handy ab, wann die zweite Gruppe losgehen soll.
- Die erste Gruppe kann neben den natürlichen Spuren, die von ihren Schuhen entstehen, auch Spuren für Irrwege legen. Das geht nur mit Tricks, z. B. führen die Spuren nach einigen Metern im Bogen wieder zurück.
- Ganz wichtig ist, dass die erste Gruppe sich leise verhält, damit die Kinder der zweiten Gruppe sie nicht hören, wenn sie näher kommen.
- Der Zielplatz sollte Anregung zum Spielen bieten, damit das Warten nicht langweilig wird. Ideal ist ein Platz im Wald oder ein Platz mit viel Schnee.
- Hat die zweite Gruppe die erste gefunden, dürfen die Kinder ein bisschen zusammen spielen und gehen dann alle gemeinsam zurück.

Wir sind auf eurer Spur

Ziele
→ Wahrnehmung schulen
→ soziales Miteinander üben

Alter
3–6 Jahre

Gruppengröße
GG

Vorbereitungszeit
30 Minuten

Dauer
2 Stunden

Materialien
→ Proviant (Tee, Kekse)
→ Erste-Hilfe-Tasche
→ Handy für die Begleitpersonen

Alles oder nichts

ZILLY UND ZINGARO. SCHÖNE BESCHERUNG

»Zilly, die Zauberin, und ihr großer schwarzer Kater Zingaro bereiteten alles für Weihnachten vor.«

Zitat aus dem Bilderbuch »Zilly und Zingaro. Schöne Bescherung«

Der Höhepunkt im Winter ist für viele Kinder das Weihnachtsfest. Besonders wenn alles festlich geschmückt ist und nach Tannenzweigen und Plätzchen duftet. Zilly und ihr Kater Zingaro schmücken alles, wirklich alles rundherum so festlich, wie es sich für eine Zauberin und ihren Kater gehört. Da gibt es unzählige Lichter, Girlanden und natürlich einen riesigen Weihnachtsbaum. Die Geschenke bringt der Weihnachtsmann höchstpersönlich. Doch der braucht Zillys Hilfe, um alle anderen Menschen rechtzeitig beschenken zu können.

Wenn sich die Kinder mit dem Buch über Zilly und die schöne Bescherung auseinandersetzen, denken sie über das perfekte Geschenk nach. Auch Kinder, die zuhause nicht Weihnachten feiern, können sich hier austauschen, denn schenken kann man auch zu anderen Zeiten. Sie gestalten ihre eigenen Wunschzettel und schönes, umweltfreundliches Geschenkpapier, das sie benötigen, wenn sie Wünsche anderer erfüllen wollen. Dabei überlgen Sie, ob es materielle Wünsche sein müssen oder ob es vielleicht viel wertvollere Geschenke gibt. Mit selbst gemachten Weihnachtskarten schicken sie herzliche Grüße zu den Eltern. Damit auch die Kita festlich geschmückt wird, basteln die Jungen und Mädchen Baumschmuck und Girlanden. Sie backen Leckerlis für Hunde oder Katzen, die auch beschenkt werden wollen. Und schließlich spielen sie ein lustiges Spiel, bei dem sie so flink sein müssen wie der Weihnachtsmann und Zilly beim Geschenkeverteilen.

Zauberhafte Weihnachten

Ziele
- das Bilderbuch kennenlernen
- Kommunikationsfähigkeit üben

Alter
3–6 Jahre

Gruppengröße
KG

Dauer
20 Minuten

Materialien
- Bilderbuch »Zilly und Zingaro. Eine schöne Bescherung«

Vom Wünschen und Schenken

Das Bilderbuch »Eine schöne Bescherung« ist voller bunter Bilder, die die Erlebnisse von Zilly und Zingaro sichtbar machen. Für die Kinder gibt es viel zu erzählen, aber auch einiges zum Zuhören und Nachdenken.

So geht's

- Setzen Sie sich mit den Kindern so zusammen, dass alle gut ins Buch sehen können.
- Lassen Sie das Buch zugeklappt und betrachten Sie gemeinsam das Titelbild. Fragen Sie die Kinder, worum es wohl in dem Buch geht und wer darin vorkommt.
- Schlagen Sie das Buch auf und blättern Sie zur ersten Doppelseite der Geschichte. Lassen Sie die Bilder kurz auf die Kinder wirken und lesen Sie dann den Text vor.
- Besprechen Sie mit den Jungen und Mädchen die Text- und Bildinhalte.
- Mit folgenden Fragen können Sie Impulse zum Erzählen geben:
  - ? Welche Dekorationen sind zu sehen?
  - ? Was ist auf den Weihnachtskarten abgebildet?
  - ? Welche Farben haben die Lichterketten?
  - ? Welche Tiere sind auf den Bildern zu sehen?
  - ? Was wünscht sich Zingaro zu Weihnachten?
  - ? Wo kommt der Weihnachtsmann ins Haus?
  - ? Welche Farbe haben die Geschenkbänder?
  - ? Was bekommt Zilly zu Weihnachten?
  - Fahren Sie auf allen Seiten so fort.

Abschluss

- Fassen Sie gemeinsam den Inhalt des Bilderbuches kurz zusammen.
- Stellen Sie in Aussicht, welche Angebote Sie für die nächste Zeit planen, und nehmen Sie Vorschläge der Kinder mit auf.

Variation

- Lassen Sie die Kinder eine eigene Geschichte zu den Bildern im Buch erfinden, statt den Text vorzulesen.

Das perfekte Geschenk

Ziele
- → Kommunikationsfähigkeit üben
- → eigene Wünsche und Bedürfnisse überdenken

Alter
3–6 Jahre

Gruppengröße
KG

Dauer
10 Minuten

Vom Wünschen und Schenken

Bei Zilly der Zauberin dreht sich alles um die große Bescherung. Sogar ihr Kater Zingaro hat wichtige Wünsche und hofft, dass der Weihnachtsmann sie ihm erfüllen wird. Was kann man eigentlich verschenken und über welches perfekte Geschenk würden sich die Kinder am meisten freuen?

So geht's

- Die Kinder setzen sich gemütlich zusammen.
- Erinnern Sie an das Bilderbuch »Die große Bescherung« mit Zilly und Zingaro. Fragen Sie nach, was eigentlich eine Bescherung ist. Kennen die Kinder die Bedeutung bzw. den religiösen Hintergrund davon?
- Unterhalten Sie sich mit den Mädchen und Jungen darüber, was sie sich zu Weihnachten oder, wenn sie kein Weihnachten feiern, überhaupt wünschen. Vermutlich sind es zunächst meist materielle Wünsche.
- Regen Sie an, zu überlegen, was man anderen schenken könnte. Vielleicht haben die Kinder hier schon nicht materielle Ideen, wie z. B. Zeit zusammen verbringen, die Spülmaschine ausräumen oder etwas Selbstgemachtes.
- Fragen Sie nach, wie es wäre, wenn man sich nur etwas schenken würde, das man nicht kaufen kann:
  - ? Was ist der Unterschied zu materiellen Dingen?
  - ? Was hält länger?
  - ? Was fühlt sich besser an?
  - ? Was ist vielleicht sogar ein ganz besonderes Geschenk?
- Jedes Kind überlegt sich sein perfektes Geschenk – entweder für sich selbst oder für jemand anderen. Anschließend erzählen sie einander davon.

Abschluss

- Stellen Sie in Aussicht, gemeinsam einen Wunschzettel zu gestalten. Darauf können die Kinder dann festhalten, was sie sich gerade als besonderes Geschenk für sich selbst überlegt haben, aber auch andere Geschenke, die sie sich wünschen.

Wissen

Der Brauch, sich an Weihnachten etwas zu schenken, geht auf verschiedene Wurzeln zurück. Grundsätzlich aber erinnern wir uns daran, dass Gott uns Jesus geschenkt hat. So wie die Heiligen Drei Könige Geschenke zu Jesu Geburt brachten, so schenken wir uns gegenseitig etwas.

Wunsch-zettel

Ziele
- eigene Wünsche und Bedürfnisse überdenken
- Kreativität und Fantasie entwickeln

Alter
5–6 Jahre

Gruppengröße
KG

Vorbereitungszeit
5 Minuten

Dauer
15 Minuten

Materialien
- Papier
- Zeitschriften, Prospekte und Kataloge
- Scheren
- Klebstifte
- Buntstifte

Vom Wünschen und Schenken

Im Bilderbuch »Eine schöne Bescherung« haben Zilly und Zingaro einen Wunschzettel geschrieben. Nun gestalten sie selbst einen Wunschzettel an den Weihnachtsmann, das Christkind, ihre Eltern oder für ihr Portfolio.

So geht's

- Die Kinder setzen sich an den Basteltisch.
- Erinnern Sie an das Gespräch über Wünsche und Schenken bzw. das Bilderbuch »Eine schöne Bescherung« mit Zilly und Zingaro. Haben die Kinder überlegt, was sie sich wünschen? Besprechen Sie zu diesem Thema auch, dass Kinder, die Weihnachten nicht feiern, ihre Wünsche trotzdem äußern können. Vielleicht gibt es einen anderen Anlass, bei dem geschenkt wird, oder aber die Eltern dürfen die Wünsche erfahren, um ihr Kind besser kennenzulernen.
- Zeigen Sie die Materialien und erläutern Sie das Vorhaben, Wunschzettel zu gestalten.
- Jedes Kind nimmt sich ein Papier und sucht dann aus den alten Zeitschriften und Katalogen Bilder aus, mit denen es seine Wünsche darstellen kann. D. h., wenn eines sich z. B. einen Ausflug in den Zoo wünscht, kann es Tiere ausschneiden. Wer schon Buchstaben kennt, kann natürlich auch Buchstaben oder Wörter ausschneiden.
- Die Bilder und Ausschnitte kleben die Kinder auf ihr Papier und ergänzen ihre Wünsche gegebenenfalls mit Zeichnungen.
- Jeds Kind schreibt seinen Namen auf das Papier, sofern es das schon kann. Auch ein persönliches Zeichen hilft, den Wunschzettel zu personalisieren.

Abschluss

- Wer mag, zeigt seinen Wunschzettel und erzählt etwas dazu.
- Die Kinder entscheiden, was mit ihren Wunschzetteln geschehen soll: Mit nach Hause nehmen, an den Weihnachtsmann/das Christkind schicken, in der Kita ausstellen, ins Portfolio heften.

Tipp

Schicken Sie die Briefe der Kinder, die das möchten, an Weihnachtsmann oder Christkind.
Adressen für Weihnachtspost finden Sie im Internet bei der Deutschen Post: https://www.deutschepost.de/de/w/weihnachts-post/weihnachtsmann-christkind.html

Vom Wünschen und Schenken

Zilly hat ihre Geschenke nicht besonders fantasievoll eingepackt: einfarbiges Papier und rote Bänder. Die Kinder gestalten selbst buntes Geschenkpapier aus alten Zeitungen. Das sieht gut aus und leistet einen Beitrag zum Umweltschutz.

Vorbereitung

- Richten Sie die Materialien auf einem Maltisch oder auf dem Boden her.

So geht's

- Die Kinder setzen oder stellen sich um den Malplatz herum.
- Fragen Sie, wie ein schönes Geschenkpapier aussehen sollte. Welche Farben, Muster, Bilder sollen darauf zu sehen sein?
- Haben die Kinder eine Idee, warum Sie ihnen Zeitungspapier dafür anbieten? Sprechen Sie darüber, dass Geschenkpapier meist nach einmaligem Gebrauch weggeworfen wird. Da für Papier viel Energie, Wasser und auch Bäume benötigt werden, kann man Altpapier nutzen und damit die Umwelt schonen.
- Die Kinder nehmen sich jedes eine Zeitungsseite.
- Zuerst rühren die Kinder kräftige Farbtöne ihrer Wahl an und streichen das gesamte Papier mit Wasserfarbe ein. Sie sollen nicht zu viel Wasser benutzen, damit das Papier nicht aufweicht.
- Das Papier muss ein paar Minuten trocknen. Am besten geht das auf oder vor einer Heizung.
- Danach können die Kinder weihnachtliche Motive oder einfache Muster und Formen auf das bunte Papier malen.

Abschluss

- Packen Sie mit den Kindern Geschenke ein, falls vorhanden. Oder beschriften Sie das Papier mit den Namen der Kinder und heben Sie sie auf, um später die Geschenke z. B. für die Eltern damit einzupacken.

Variation

- Fertigen Sie mit den Kindern Stempel z. B. aus Kartoffeln an. So können sie das bunte Geschenkpapier damit bedrucken.

Upcycling-Geschenkpapier

Ziele
- → Kreativität und Fantasie entwickeln
- → Umweltbewusstsein entwickeln

Alter
3–6 Jahre

Gruppengröße
KG

Vorbereitungszeit
5 Minuten

Dauer
15 Minuten

Materialien
- → alte Zeitungen
- → Wasserfarben
- → breite, flache Borstenpinsel
- → Wasserbecher
- → Buntstifte
- → Wachskreide
- → Tücher (Lumpen)

Geschenke verteilen

Ziele
→ Koordination und Motorik trainieren

Alter
4–6 Jahre

Gruppengröße
KG

Vorbereitungszeit
5 Minuten

Dauer
15 Minuten

Materialien
→ 4 Reifen
→ 2 Tennisbälle
→ 2 Würfel
→ 2 kleine Bücher
→ 2 kleine Handtücher
→ 8 Bögen Geschenkpapier in zwei Farben

VOM WÜNSCHEN UND SCHENKEN

Zilly muss dem Weihnachtsmann helfen, die Geschenke zu verteilen, weil er es allein nicht schafft. Das muss schnell gehen, denn alle warten schon auf die Bescherung. Zum Glück sind die Geschenke schon verpackt. Bei diesem Spiel müssen die Kinder die Geschenke nicht nur richtig verteilen, sondern auch selbst einpacken.

VORBEREITUNG

- Richten Sie die Materialien im Bewegungsraum folgendermaßen her: In alle vier Ecken legen Sie je einen Reifen, in die Mitte kommen zwei Plätze mit den »Geschenken« und dem Papier. Jede »Packstation« erhält Papier in einer Farbe.

SO GEHT'S

- Es müssen sich zwei Mannschaften bilden, die jeweils vier Spieler haben, so werden acht Mitspieler benötigt.
- Die Kinder setzen sich hintereinander, jeweils zu viert, zu den beiden »Packstationen«.
- Auf Ihr Kommando, z. B. »Geschenke fix wie der Blitz!« packen die ersten beiden Kinder der beiden Gruppen jeweils ein Geschenk ein. Sie dürfen aussuchen, was sie von den vier Sachen nehmen möchten. Sie müssen es komplett einpacken, z. B. einwickeln und das Papier herumfalten oder zudrehen wie bei einem Bonbon.
- Dann nehmen sie ihr Geschenk und laufen damit zu einem der vier Reifen. Das sind die Häuser. Dort legen sie ihre Geschenke ab. Sie müssen den Reifen mit einem Fuß berühren (darauf steigen), damit es gilt. Somit ist ausgeschlossen, die Geschenke von weiter weg zu werfen.
- Anschließend laufen sie zurück zu ihrer »Packstation« und klatschen das nächste Kind ab.
- Nun packt das zweite Kind ein Geschenk ein usw.
- Wenn das jeweils vierte Kind das erste abgeklatscht hat, ist die Gruppe fertig. Es müssen dann in allen vier Reifen Geschenke dieser Gruppe liegen.

VARIATION

- Als zweite Runde können die Kinder alles rückwärtsspielen: loslaufen, ein Geschenk mit der Gruppenfarbe nehmen, zur »Packstation« zurücklaufen, das Geschenk auspacken, abklatschen …
- Um das Spiel noch schwerer zu machen, können die Kinder die Geschenke auch noch mit Geschenkbändern einbinden. Sie dürfen aber nur einen Knoten und höchstens eine Schleife machen (Vorschulkinder!), damit die nächsten Kinder die Pakete wieder aufbekommen.

Leckerlis für Katzen

Zilly die Zauberin sorgt gut für ihren Kater Zingaro. Auch er schreibt einen Wunschzettel und soll Geschenke bekommen. Zu Weihnachten können auch die Kinder ihre Katze beschenken oder die Katze von Freunden oder Verwandten.

Vorbereitung

- Richten Sie alle Materialien und Zutaten auf einer sauberen Arbeitsfläche her.
- Stellen Sie den Ofen auf 150 Grad (Umluft).

So geht's

Zutaten:

200 g Haferflocken
150 g Magerquark
1 Ei
4 EL Oliven- oder Sonnenblumenöl
1 Bund Katzenminze

- Erklären Sie das Vorhaben, Kekse für Katzen zu backen.
- Lesen Sie die erste Zutat vor. Die Kinder suchen die Haferflocken und wiegen sie ab. Danach schütten sie die Haferflocken in die große Schüssel.
- Den Magerquark messen sie ebenso ab und geben ihn dazu.
- Das Ei schlägt ein Kind direkt in die große Schüssel.
- Das Öl muss mit einem Esslöffel abgemessen werden. Hier helfen zwei Kinder einander.
- Die Katzenminze schneiden zwei bis drei Kinder sehr fein und geben sie in die große Schüssel.
- Nun muss alles mit dem Mixer kräftig verrührt werden. Bleiben Sie dabei, wenn ein Kind mixt, und achten Sie darauf, dass weder Haare noch ein Tuch oder eine Kordel der Kleidung in den Mixer geraten können!
- Ein Kind legt inzwischen das Backpapier auf das Blech.
- Jetzt dürfen alle Bäcker/innen die Kekse formen. Sie nehmen sich etwas Teig, rollen eine Schlange mit etwa 1 cm Durchmesser und schneiden diese in Scheiben von ca. 0,5 cm.
- Die Teiglinge legen die Kinder auf das Blech mit dem Backpapier. Dabei sollen sich die Teile möglichst nicht berühren.
- Die Kekse benötigen ca. 15 bis 20 Minuten, bis sie durchgebacken sind. Sehen Sie also nach 15 Minuten nach, ob sie schon fertig sind!
- Lassen Sie die Kekse auf dem Blech abkühlen. Das geht gut, wenn man das Blech über ein Spülbecken legt.
- Die Kinder packen ihre Kekse in die Papiertüten ein und bringen sie ihren Katzen mit.

Variation

- Statt der Minze oder auch zusätzlich können Sie Fisch, Käse oder Fleisch in den Teig mischen.

Ziele
- ein Rezept verstehen und umsetzen
- Verständnis für Tiere aufbringen

Alter
4–6 Jahre

Gruppengröße
KG

Vorbereitungszeit
5 Minuten

Dauer
20 Minuten plus 20 Minuten Backzeit

Materialien
- 1 große Schüssel
- 1 Mixer mit Knethaken
- 1 Küchenwaage mit Schüssel
- 1 EL
- Papiertüten
- 2-3 kleine Obstmesser
- 2-3 Schneidbretter
- 1 Backblech
- 1 Backpapier

Schnipp-Schnapp-Schmuck

Ziele
- Kreativität und Fantasie entwickeln
- Feinmotorik schulen

Alter
5–6 Jahre

Gruppengröße
KG

Vorbereitungszeit
10 Minuten

Dauer
15 Minuten

Materialien
- Bilderbuch »Schöne Bescherung«
- Stoffreste
- Pappe
- Filzstifte
- dünnes Baumwollgarn
- lange, spitze Stopfnadeln mit großem Öhr
- scharfe Scheren (ideal sind Zickzackscheren)

Wunderschöne Weihnachtszeit

Bei Zilly und Zingaro ist alles im Haus und rundherum festlich geschmückt. Es gibt Lichterketten und bunte Girlanden. Mit Girlanden aus Stoffresten können auch die Kinder die Kita schmücken, ihr Zuhause und sogar den Weihnachtsbaum.

Vorbereitung

- Fertigen Sie für jedes Kind ein Dreieck aus Pappe an.
- Richten Sie das Material auf einem Tisch her.

So geht's

- Die Kinder setzen sich an den Tisch.
- Zeigen Sie die vielen Girlanden in dem Bilderbuch und schlagen Sie vor, solche selbst zu basteln bzw. zu gestalten.
- Die Kinder zeichnen mithilfe der Schablonen Dreiecke auf die Stoffreste. Das geht am besten mit einem Filzstift.
- Sie schneiden die Dreiecke aus und sammeln sie auf dem Tisch – entweder alle zusammen oder jeder für sich und seine eigene Girlande.
- Die Kinder schneiden eine Schnur ab, so lange, wie die Girlande werden soll. Damit man die Girlande befestigen kann, müssen sie an beiden Enden etwa 30 cm zugeben.
- An ein Ende der Schnur machen Sie nach etwa 30 cm einen Knoten.
- Sie fädeln das andere Ende auf eine Nadel und ziehen es ein Stück hindurch.
- Nun nähen Sie die Dreiecke aneinander. Dafür stechen Sie an einer Seite des oberen Randes, etwa 2 cm von der Ecke entfernt, ein und nach etwa 4-5 cm wieder aus. Je nachdem, wie breit die Dreiecke sind, müssen Sie ein- oder mehrmals ein- und ausstechen.
- Die aufgefädelten Dreiecke schieben sie zum Ende der Schnur, bis zum Knoten.

Abschluss

- Die Kinder legen ihre Girlanden zusammen, indem sie immer ein Dreieck auf das andere legen.
- Wenn die Kinder eine Girlande für die Kita gemacht haben, können sie diese direkt aufhängen.

Variation

- Für Weihnachtsbäume verwenden die Kinder sehr kleine Dreiecke, als Raumschmuck nehmen sie größere Dreiecke.
- Für die Kita können die Kinder eine sehr lange Girlande herstellen. Statt einer langen Schnur verwenden sie einfach mehrere Girlanden, die sie aneinanderknoten. So kann jedes Kind seine eigene Girlande herstellen und ins Gemeinschaftswerk einbringen.

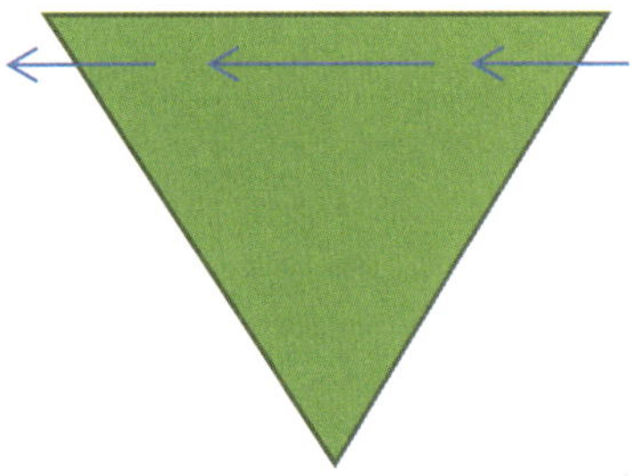

Wunderschöne Weihnachtszeit

Wer zu Weihnachten nicht alle Freunde und Verwandte besuchen kann, schickt ihnen gerne eine Karte mit Grüßen. Die Kinder lassen sich von den Bildern im Buch »Schöne Bescherung« inspirieren, reduzieren ihre Kunst aber auf das Wesentliche des Winters: Schnee und Konturen. Daher eignet sich eine Tuschezeichnung besonders gut.

Vorbereitung

- Richten Sie das Material für jedes Kind auf einem Basteltisch her.

So geht's

- Die Kinder setzen sich an den Basteltisch, fassen die Malsachen aber noch nicht an, damit die Tusche nicht umfällt.
- Besprechen Sie zunächst das Vorhaben, Weihnachtskarten zu gestalten. Sicher kennen die Kinder schon verschiedene Karten, die bei ihnen ankamen oder von den Eltern verschickt wurden.
- Legen Sie das Buch »Schöne Bescherung« auf einen Nebentisch und bieten Sie an, die Bilder zur Anregung zu nehmen.
- Besprechen Sie, was man im Winter draußen meistens sieht, wenn es geschneit hat: weiß und grau oder schwarz. Oft sieht man viel Fläche, ein paar Konturen und denkt sich den Rest. Die Kinder können dies übernehmen und mit Tusche zeichnen.
- Besprechen Sie nun kurz die Regeln, wenn mit Tusche gezeichnet wird: vorsichtig eintunken (nur bis ca. zur Hälfte der Feder) und ohne Druck zeichnen; dabei versuchen, eine Richtung beizubehalten, damit die Feder nicht kratzt oder kleckert.
- Die Kinder üben zunächst auf einem Schmierpapier. Zeigen Sie, wie es geht, wenn Kinder sich nicht herantrauen. Machen Sie Mut, dass es nicht schlimm ist, wenn ein Klecks passiert. Auch daraus kann ein Bild entstehen!
- Nun können die Kinder mit Bleistift etwas vorzeichnen, bevor sie dann die Konturen mit der Tusche nachfahren. Bei einem Weihnachtsbaum können eifrige Zeichner/innen jede Tannennadel zeichnen oder aber nur die Umrisse eines stilisierten Baumes.
- Wer mag, kann mit Buntstiften farbige Akzente setzen oder alles ausmalen.

Abschluss

- Nach dem Trocknen der Bilder werden auf der Rückseite Texte geschrieben oder die Nachrichten gezeichnet. Wer mag, kann seine Karte auch einfach leer mit nach Hause nehmen, als Bild verschenken oder mit den Eltern beschriften.

Weihnachtsgrüße aus der Kita

Ziele
→ Kreativität und Fantasie entwickeln

Alter
4–6 Jahre

Gruppengröße
KG

Vorbereitungszeit
5 Minuten

Dauer
15 Minuten

Materialien
→ Bilderbuch »Schöne Bescherung«
→ Schmierpapier
→ Fotokarton in Postkartengröße
→ Bleistifte
→ Tuschfedern und -halter
→ schwarze Tusche
→ Buntstifte

ES KLOPFT BEI WANJA IN DER NACHT

»›Wir haben wirklich diese Nacht gemeinsam friedlich zugebracht.«

Zitat aus dem Bilderbuch »Es klopft bei Wanja in der Nacht«

Im kleinen Haus irgendwo draußen am Waldesrand schläft Wanja. Er hat gut eingeheizt, denn es ist eine besonders kalte Winternacht. Als es klopft und erst ein Hase, dann ein Fuchs und schließlich sogar ein Bär um Einlass bitten, nimmt er sie alle bei sich auf. Friedlich schlafen sie im warmen Zimmer. Erst am nächsten Morgen, wenn sich die Tiere hastig verabschieden, wird deutlich, dass sie sich freundschaftlich verhalten haben, obwohl sie in der Natur Feinde sind. Selbst Wanja hat sich anders verhalten, als er es als Jäger sonst tut.

Die Kinder erhalten viele Impulse zum Nachdenken und Erzählen, wenn sie sich mit diesem Bilderbuch auseinandersetzen. Dabei sind nicht nur die Bilder und Inhalte interessant, sondern auch die Form des Textes in gereimten Versen. Die Thematik »Freund und Feind« beschäftigt die Jungen und Mädchen im Gespräch. Sie denken darüber nach, wie es möglich ist, friedlich zusammenzuleben. Mithilfe von Tierbüchern forschen sie nach, wie die im Buch vorkommenden Tiere Hase, Fuchs und Bär sich in Wirklichkeit vor Kälte schützen und den Winter verbringen. Wanja, der ja ein Jäger ist, scheint sehr nett zu Tieren zu sein obwohl in seinem Haus ein Gewehr hängt. Die Kinder informieren sich darüber, was Jäger eigentlich tun und ob sie alle in solch abgelegenen Waldhäusern leben. So ein Häuschen mit viel Schnee auf dem Dach sieht ein bisschen aus wie ein Lebkuchenhaus. Die Kinder gestalten sich ihre kleinen Wanja-Häuser selbst. Woran merkt man, dass der Winter bald vorbei ist? Die Natur verändert sich und die Kinder können dies bei einem Spaziergang beobachten. Manche Leute haben es eilig und wollen den Winter vertreiben. Sie feiern Fasching oder Karneval.

Wer klopft denn da ?

Ziele
- → visuelle und auditive Wahrnehmung schulen
- → Aufmerksamkeit steigern

Alter
3–6 Jahre

Gruppengröße
KG

Dauer
20 Minuten

Materialien
- → Bilderbuch »Es klopft bei Wanja in der Nacht«

Von freundlichen Feinden

Ein Jäger, der Tieren aus dem Wald Unterschlupf bietet, ist schon sehr ungewöhnlich. Besonders an diesem Bilderbuch ist auch die Textform in Reimen. Die Kinder sehen sich die Bilder an, hören genau zu und sprechen über das Buch.

So geht's

- Setzen Sie sich mit einer kleinen Gruppe von Kindern zusammen. Achten Sie darauf, dass die Kinder die Bilder im Buch jeweils gut sehen können und auch Ihre Stimme gut zu hören ist.
- Schlagen Sie die erste Seite der Geschichte auf und lesen Sie langsam und deutlich mit möglichst natürlicher Stimme den Text vor.
- Geben Sie den Kindern Zeit, das Bild zu betrachten und den Text auf sich wirken zu lassen.
- Haben die Kinder Anmerkungen oder Fragen, gehen Sie nur auf das Nötigste ein, z. B. wenn jemand den Text nicht versteht. Sagen Sie, dass Sie zuerst das gesamte Buch lesen werden und erst danach gemeinsam darüber sprechen.
- Am Ende klappen Sie das Buch zu und lassen die Kinder erzählen:

? Worum geht es in dem Buch?
? Wer kommt darin vor?
? Was passiert genau?
? Wie kann es sein, dass die Tiere an ein Haus klopfen?
? Ist es immer so, dass ein Haus mit einem Ofen beheizt wird?
? Was ist am Text anders als bei den meisten Geschichten?

Abschluss

- Sind alle Fragen geklärt und die Kinder zeigen, dass Sie das Gespräch beenden möchten oder sie greifen andere Themen auf, beenden Sie das Vorlesen.
- Stellen Sie in Aussicht, welche Projekte Sie passend zum Buch planen, und bitten Sie die Kinder, sich zu überlegen, was Sie noch machen möchten.

Variation

- Je nach Kindergruppe ist es sinnvoller, gleich ins Gespräch zu kommen, wenn Sie das erste Mal vorlesen. Außerdem ist es möglich, zunächst nur die Bilder zu zeigen oder nur den Text vorzulesen. Gehen Sie auf die Kinder ein, mit denen Sie gerade zusammensitzen.

Tipp

Auch wenn es sich um Reime handelt, müssen Sie beim Vorlesen nicht pathetisch werden. Lesen Sie einfach etwas rhythmischer als bei einem nicht gereimten Text. Machen Sie Pausen, wenn ein Punkt am Ende eines Satzes steht, so betonen Sie die Versform und geben Zeit zum Verinnerlichen des Textes.

Von freundlichen Feinden

Im Bilderbuch »Es klopft bei Wanja in der Nacht« verhalten sich alle vier nächtlichen Bewohner des Waldhauses friedlich, obwohl sie sonst Feinde sind. Die Kinder unterhalten sich darüber, was die Begriffe »Freund« und »Feind« bedeuten und wie es ist, ein Freund zu sein oder aber jemandes Feind zu sein.

So geht's

- Wenn Sie dieses Gespräch mit der gesamten Gruppe führen möchten, bietet sich der Morgenkreis dafür an.
- Setzen Sie sich mit den Kindern zusammen und erinnern Sie an die Geschichte von Wanja. Fassen Sie kurz zusammen, worum es dabei geht, oder bitten Sie ein Kind, dies zu tun.
- Fragen Sie nach, wie es in der Realität, also »in echt« ist, wenn Fuchs und Hase aufeinandertreffen. Die Kinder wissen sicher, dass ein Hase die Beute des Fuchses ist, also das, was er jagt und schließlich frisst. Der Bär wiederum wird wohl den Fuchs und auch den Hasen fressen, wenn er sie erwischt. Aber auch der Jäger muss sich in Acht nehmen vor ihm. Andererseits hat der Jäger ein Gewehr. Würden sie wirklich alle in einem Haus schlafen?
- Wie ist das eigentlich beim Hasen? Ist er auch der Feind eines anderen Tieres? Was fressen Hasen?
- Regen Sie an, darüber zu sprechen, was eigentlich ein Feind ist. Bei Tieren gibt es die »natürlichen Feinde«, die sich daraus ergeben, wer wen als Nahrung betrachtet. Aber wie ist es bei den Menschen? Wie ist es bei den Kindern?
- Wie wird es den Tieren im Buch ergangen sein, wenn sie mit ihren Feinden in einem Raum schlafen mussten? Konnten sie vertrauen? Wie ist es, wenn man sich zurückhalten muss, obwohl man jemanden eigentlich »fressen« würde bzw., im übertragenen Sinne, nicht mag, auf ihn wütend ist oder Angst vor ihm hat?
- Richten Sie die Aufmerksamkeit auf die Möglichkeit, Freund zu sein, auch wenn man sich eigentlich gar nicht gut versteht. Ist das möglich? Wie geht das?

Abschluss

- Finden Sie mit den Kindern gemeinsam ein Resümee, wie z. B.: »Ich bin freundlich zu dir, sei es auch zu mir.«

Freund oder Feind?

Ziele
→ sprachliche Fähigkeiten entwickeln
→ wertschätzendes Miteinander lernen

Alter
3–6 Jahre

Gruppengröße
KG, GG

Dauer
10 Minuten

Wissen

Kinder lernen besonders gut, wenn sie etwas selbst erleben oder von Vorbildern abschauen können. Daher sollten solche Gespräche immer gekoppelt sein mit Aktionen und Erlebnissen, um die Informationen zu vertiefen. Das Gefühl der Zugehörigkeit erleben die Kinder, wenn die Gruppe gemeinsam aktiv ist, z.B. bei Ausflügen oder Spielen.

Tiere im Winter

Ziele
- → Wissen über Tiere erweitern
- → mit Sachbüchern umgehen lernen

Alter
5–6 Jahre

Gruppengröße
KG

Vorbereitungszeit
30 Minuten

Dauer
30 Minuten

Materialien
- → Bilderbuch »Es klopft bei Wanja in der Nacht«
- → Sachbücher über Hasen, Füchse, Bären
- → 1 DIN A4 oder A3 Tonpapier
- → Buntstifte, Wachskreiden

Von freundlichen Feinden

Ein Hase, der um Einlass in ein Haus bittet, weil er draußen im Schnee so friert? Und dann auch noch ein Fuchs und sogar ein Bär, die doch beide so dickes Fell haben? Kann das in Wirklichkeit auch passieren? Die Kinder gehen der Sache nach.

Vorbereitung

- Suchen Sie Bücher heraus (oder leihen Sie diese vorab in einer Bücherei aus), die erläutern, wie Fuchs, Hase und Bär den Winter verbringen.
- Auch im Internet können Sie entsprechende Informationen mit Bildern finden und diese dann ausdrucken.

So geht's

- Setzen Sie sich mit den Kindern zusammen und erinnern Sie an die Geschichte aus dem Bilderbuch »Es klopft bei Wanja in der Nacht«. Nehmen Sie das Buch zur Hand und blättern Sie gemeinsam durch, ohne den Text vorzulesen.
- Sprechen Sie die Tiere an, die im Winter so frieren, dass sie um Einlass bitten. Fragen Sie konkret nach: Ist das in der Wirklichkeit auch so? Frieren diese drei Tierarten im Winter, wenn es viel Schnee gibt?
- Sicher haben die Kinder einige Antworten darauf, aber so ganz genau weiß vermutlich niemand, wie es sich verhält. Schlagen Sie vor, in Büchern nachzusehen.
- Zeigen Sie das Material, das Sie vorbereitet haben. Lassen Sie die Kinder selbst nachschlagen und suchen, ob sie Antworten auf die Fragen finden.
- Ordnen Sie dafür die Fragen noch einmal konkret:
  - ? Wo und wie verbringen die drei Tiere Hase, Fuchs und Bär den Winter?
  - ? Schützt das Fell sie genug vor Kälte oder frieren sie trotzdem?
  - ? Was tun sie, um sich vor Kälte zu schützen?

Abschluss

- Wenn die Kinder möchten, können sie ein Plakat gestalten, auf dem die drei Tiere zu sehen sind und wo und wie sie den Winter verbringen.

Abschluss

- Gehen Sie gemeinsam mit den Kindern in die Bücherei, um die Bücher zu finden, die alle Informationen beinhalten. So lernen die Kinder gleich, wie man sich in einer Bücherei zurechtfindet.
- Wenn Sie die Informationen lieber aus dem Internet beziehen möchten, können Sie dies auch gemeinsam mit den Kindern tun.

Von freundlichen Feinden

Jäger im Jagdfieber?

Der Jäger Wanja im Bilderbuch »Es klopft bei Wanja in der Nacht« scheint ja besonders nett zu sein. Die Kinder unterhalten sich mit einem Jäger, um herauszufinden, was das eigentlich für ein Beruf ist.

Ziele
→ Wissen über Berufe erweitern

Alter
3–6 Jahre

Gruppengröße
KG, GG

Vorbereitungszeit
30 Minuten

Dauer
1 Stunde

Materialien
→ Geschenk bzw. Honorar für den Jäger
→ Notizblock und Stift
→ Fotoapparat

Vorbereitung

- Stellen Sie einen Kontakt zu einem Jäger her. Informationen erhalten Sie beim Landratsamt und dem örtlichen Rathaus. Planen Sie entweder einen Besuch beim Jäger oder bitten Sie den Jäger, die Kinder im Kindergarten zu besuchen.
- Bereiten Sie ein Geschenk oder einen Unkostenbeitrag für den Aufwand des Jägers vor.

So geht's

- Je nachdem, ob die Kinder den Jäger besuchen oder er in die Einrichtung kommt, versammeln sich die Kinder zum Ausflug oder aber in der Gruppe in einem Stuhlkreis.
- Sprechen Sie vor der Begegnung mit dem Jäger darüber, was die Kinder erfahren wollen. Erinnern Sie dabei auch an die Geschichte von Wanja und die Tiere, die eine Nacht lang Unterschlupf bei ihm finden.
- Fragen an den Jäger können sein:
  - ? Ist Jäger ein Beruf?
  - ? Müssen Sie Tiere erschießen? Warum?
  - ? Tut es den Tieren weh?
  - ? Was wäre, wenn Sie nicht schießen würden und die Tiere ihre Ruhe hätten?
  - ? Wie wird man Jäger?
  - ? Darf jeder Jäger sein?
  - ? Haben Sie auch so ein Haus wie Wanja? (Hier müssen die Kinder dann genau beschreiben, wie es aussieht.)
- Machen Sie sich während des Gesprächs Notizen, damit Sie später die Antworten des Jägers auch noch wissen.
- Fotografieren Sie die Kinder mit dem Jäger. Das Foto eignet sich für die Portfolioeinträge der Kinder und natürlich auch für eine Dankes-Postkarte an den Jäger.

Abschluss

- Überreichen Sie das Geschenk und ggf. das Honorar.
- Stellen Sie in Aussicht, beim nächsten Morgenkreis noch einmal darüber zu sprechen, was die Kinder heute alles erfahren haben, und anschließend gemeinsam Portfolioeinträge zu gestalten (sofern Sie damit arbeiten).

Tipp

Fragen Sie auch in der Elternschaft nach, ob jemand einen Jäger kennt oder in der Verwandtschaft jemand Jäger ist. Finden Sie keinen Jäger, den Sie besuchen dürfen oder der die Kinder besucht, können Sie auch das nächste Forstamt fragen, ob ein Austausch möglich ist.

Wanjas Lebkuchenhaus

Ziele
- ein Rezept verstehen und umsetzen

Alter
3-6 Jahre

Gruppengröße
KG

Vorbereitungszeit
30 Minuten

Dauer
Teig zubereiten am Vortag: 30 Minuten, Backzeit: 15 Minuten, Auskühlen: lassen: 1 Stunde, Haus gestalten: 30 Minuten

Materialien
- Zutaten
- Topf
- Rührlöffel
- Rührschüssel
- Küchenwaage mit Schüssel
- Messer, Esslöffel, Teelöffel
- Handmixer (mit Knethaken und Quirl)
- hoher Rührbecher
- 2 Backbleche, Backpapier
- großes Tablett, Brett oder Teller
- Spritztüte
- Tasse
- Tonpapier
- Lineal
- Bleistift
- Schere

Von freundlichen Feinden

Das kleine Häuschen am Waldrand, in dem der Jäger Wanja wohnt, ist fast ganz eingeschneit. Vom Dach hängen lange Eiszapfen herunter und der Ofen muss fest eingeschürt werden, damit es drinnen warm ist. Die Kinder bereiten Lebkuchen zu und bauen daraus selbst ein kleines Wanja-Haus.

Vorbereitung

- Stellen Sie die Schablonen für das Lebkuchenhaus her (siehe Abbildung).
- Richten Sie alle Materialien und Zutaten her.

So geht's

- Besprechen Sie mit den Kindern das Rezept und die Vorgehensweise: Zuerst wird der Teig hergestellt und über Nacht gekühlt. Am nächsten Tag werden die Lebkuchen zubereitet und wenn diese fertig gebacken und ausgekühlt sind, dürfen die Kinder das Haus bauen.

Zutaten für ein Lebkuchenhaus

Für den Teig:
250 g Honig
150 g Butter
200 g (brauner) Zucker
200 g gemahlene Mandeln
400 g Weizenmehl
1 TL Zimt
2 TL Lebkuchengewürz
abgeriebene Schale von einer unbehandelten Zitrone
1 EL Kakao
1 Ei

Für den Zuckerguss:
500 g Puderzucker
2 Eiweiß

Teig zubereiten:

- Honig, Butter und Zucker in den Topf geben und vorsichtig erhitzen, bis eine homogene Masse entsteht. Abkühlen lassen.
- Alle anderen Zutaten in die Schüssel geben und verrühren. Die Zuckermasse dazugeben und mit den Knethaken des Handmixers einrühren. Ist der Teig zu flüssig, etwas Mehl dazugeben.
- Die Schüssel mit einem Teller abdecken und in den Kühlschrank stellen (mind. 2 Stunden).

Lebkuchen backen:

- Arbeitsfläche bemehlen und den Teig ausrollen. Dabei zügig arbeiten, damit der Teig nicht zu warm wird.
- Die Schablonen auflegen und die Teile ausschneiden. Aus dem restlichen Teig z. B. Teile für einen Kamin oder einen Baum schneiden.
- Die Backbleche mit Backpapier belegen und die Teile mit etwas Abstand zueinander darauf verteilen.
- Im vorgeheizten Backofen bei 150 °C (Umluft) ca. 20 Minuten backen. Die Teile sollen in der Mitte fest sein (mit einem Löffel vorsichtig eindrücken). Bleche mit den Lebkuchen abkühlen lassen.

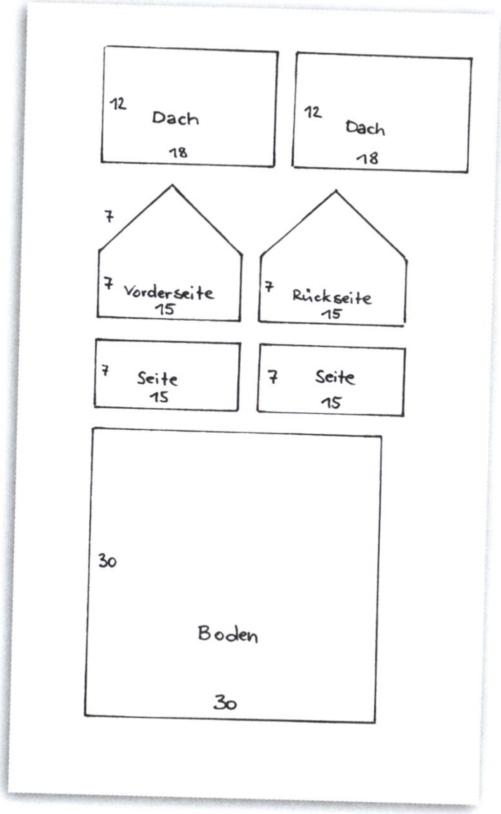

Haus bauen:

- Aus dem Puderzucker und dem Eiweiß mit dem Handmixer einen dicken Guss herstellen und in einen Spritzbeutel füllen.
- Das große Bodenstück auf den Teller legen.
- Die Hausteile erst ohne Kleber (= Zuckerguss) aufstellen, um die Umrisse zu erfassen. Anschließend die Hauswände auf den Boden und schließlich aneinanderkleben. Dafür eine Tasse o. Ä. in das Haus stellen, bis die Wände von selbst stehen. Kleber auf die oberen Kanten spritzen und das Dach befestigen. Kamin, Baum usw. ankleben und alles mit dem restlichen Zuckerguss als Schnee verzieren.

Tipp

Wenn es einfacher und schneller gehen soll, können Sie auch fertige Lebkuchen (ohne Guss) verwenden.

Fangen rund um Wanjas Haus

Ziele
→ Motorik und Koordination trainieren

Alter
3–6 Jahre

Gruppengröße
GG

Dauer
15 Minuten

Von freundlichen Feinden

Dass ein Hase, ein Fuchs und ein Bär friedlich in einem Jagdhaus übernachten wie in »Es klopft bei Wanja in der Nacht«, ist schon sehr ungewöhnlich. Bei einem lustigen Fang-Spiel sieht es etwas anders aus.

So geht's

- Die Kinder versammeln sich im Bewegungsraum und bilden einen großen Kreis.
- Nun werden vier Kinder benötigt, ein Jäger (Wanja), ein Hase, ein Fuchs und ein Bär. Wenn die Kinder sich nicht einigen können, bestimmen Sie, wer zuerst spielt, oder losen zwischen den Freiwilligen aus.
- Die vier Kinder, die nun Rollen übernehmen, stellen sich in die Mitte des Kreises. Die anderen Kinder halten sich an den Händen und stehen so mit etwas Abstand zueinander da.
- Nun haben die drei »Tiere« und der »Jäger« die Aufgabe, sich gegenseitig zu fangen. Der Hase muss davonlaufen, der Fuchs muss den Hasen fangen, der Bär den Fuchs und der Jäger den Bären. Die »Tiere« laufen dabei um den Kreis herum.
- Im Kreis aber können sie verschnaufen, da herrscht Frieden und darf niemand gefangen werden. Die Kinder müssen also den Kreis kurz öffnen, indem sie die Hände (weiterhin angefasst) hochheben und das »Tier« oder den »Jäger« einlassen.
- Der Hase läuft los und sobald er den Kreis verlassen hat, darf der Fuchs starten usw.
- Hat ein Tier ein anderes gefangen, muss dieses sich irgendwo etwas weg vom Kreis hinsetzen und abwarten. D. h. aber auch, wenn der Fuchs zuerst gefangen wurde, kann er ja den Hasen nicht mehr jagen. Nun muss der Bär den Hasen jagen usw.
- Der Hase, der arme Kerl, ist also das Tier, das am meisten Ausdauer braucht, denn er hat alle anderen zum Feind.
- Wer am Schluss übrig bleibt, darf die nächsten Spieler bestimmen.

Variation

- Weil der Hase so ein lustiger Geselle ist, könnte er den Jäger austricksen wollen und deshalb ihn fangen. So schließt sich der Kreis und alle Spieler sind gleichzeitig Fänger und Gejagte.

Winter ade!

Wanjas Haus im Buch »Es klopft bei Wanja in der Nacht« steht mitten im tiefen Schnee. Von Frühling noch keine Spur. Die Kinder machen sich auf die Suche nach ersten Vorboten des Frühlings und sehen nach, ob der Winter wohl noch lange bleibt.

Vorbereitung

- Informieren Sie die Eltern vorab über Ihr Vorhaben, damit die Kinder wetterfeste Kleidung und bequeme Schuhe tragen.
- Packen Sie alle Materialien ein.

So geht's

- Versammeln Sie die Kinder und besprechen Sie kurz den Ausflug: Es geht wieder auf Spurensuche. Doch diesmal suchen die Kinder nach ersten Frühlingsspuren. Sie sollen sich gut umsehen und besonders auf Pflanzen achten, die sich verändern oder neu heranwachsen.
- Wenn die Jungen und Mädchen nicht sehr bald schon erste Anzeichen entdecken, dass der Winter bald vorbei ist, zeigen Sie ihnen welche:
  - Bäume und Sträucher bilden feste Knospen, die kleinen Äste sehen kräftig aus, biegen sich häufig nach oben.
  - Erste Krokusse und Schneeglöckchen spitzen durch den Schnee.
  - Wenn kein Schnee liegt, sieht vielleicht das Gras kräftiger und vor allem grüner aus.
  - Sind schon die ersten Stare aufgetaucht?
  - Wenn es warm ist, sind plötzlich Fliegen zu sehen.
  - Die Sonne nimmt einen anderen Weg. Sie steigt höher hinauf und so verläuft ihre Tagesstrecke in einem etwas steileren Bogen. Auf einmal gibt es z. B. nachmittags im Garten der Kita Sonne, wo noch vor ein paar Tagen um diese Zeit Schatten war.
- Lassen Sie die Kinder möglichst viel herumlaufen und nachsehen. Regen Sie an, auch mal zu hören, ob sie Geräusche wahrnehmen, die sich schon nach Frühling anhören (Traktoren, Vögel, summen). Die Kinder sollen auch schnuppern, ob es anders riecht, und fühlen, wie kalt oder warm es ist.
- Fotografieren Sie Tiere und Pflanzen, die die Kinder entdecken.
- Mithilfe der Bestimmungsbücher können sie gemeinsam Pflanzen und Tiere benennen.

Abschluss

- In der Kita stellen Sie in Aussicht, die Fotos auszudrucken und sie gemeinsam zu beschriften und aufzuhängen.

Ist der Winter bald vorbei?

Ziele
- → Naturerfahrungen machen
- → Aufmerksamkeit steigern

Gruppengröße
GG

Vorbereitungszeit
15 Minuten

Dauer
1 Stunde

Materialien
- → Fotoapparat
- → Bestimmungsbücher für Pflanzen und Tiere
- → evtl. etwas Proviant
- → Erste-Hilfe-Tasche

Maskerade

Ziele
- Kreativität entfalten
- Feinmotorik trainieren

Alter
5–6 Jahre

Gruppengröße
KG

Vorbereitungszeit
5 Minuten

Dauer
20 Minuten

Materialien
- Tonpapier in hellbraun, dunkelbraun, orange, beige
- 1 Teller in der Größe eines Kindergesichtes
- Buntstifte
- Wachskreiden
- Klebstifte
- Klebefilm
- Scheren
- Gummischnur
- Wollreste
- Bilderbuch »Es klopft bei Wanja in der Nacht«

Winter ade!

Als es bei Wanja klopft, lässt er erst einen Hasen, dann einen Fuchs und schließlich einen Bären ein. Die Kinder basteln sich Masken passend zum Bilderbuch, um damit Fasching zu feiern oder ein szenisches Stück zu spielen (Projekt »Wir klopfen bei Wanja«).

Vorbereitung

- Richten Sie das Material auf einem Basteltisch her.

So geht's

- Die Kinder setzen sich an den Tisch.
- Erinnern Sie an das Bilderbuch »Es klopft bei Wanja in der Nacht«. Wissen die Kinder noch, wie die Tiere und Wanja aussehen?
- Lassen Sie die Jungen und Mädchen erst selbst Farben und spezielle Kennzeichen beschreiben und zeigen Sie anschließend die Bilder im Buch.
- Erklären Sie nun, wie die Kinder Masken basteln können, und helfen Sie dabei, dies umzusetzen:
  - Tonpapier in der Farbe passend zum Tier oder Wanja aussuchen
  - Umrisse des Tellers (platzsparend) übertragen
  - Kopfform nach Wunsch anpassen (z. B. beim Fuchs ovaler) und ausschneiden
  - Ohren aufzeichnen und ausschneiden
  - Ohren ankleben
  - Gesicht und Öffnungen für die Augen aufzeichnen
  - Augenlöcher ausschneiden (hier zeigen Sie ggf., wie es geht: einstechen und ausschneiden)
  - Haare und Bart bei Wanja, Schnurrhaare, Fell und andere Details aufzeichnen oder aus Wolle ankleben
  - etwas Klebefilm seitlich rechts und links anbringen und je ein kleines Loch einstechen (mit spitzer Schere oder spitzem Buntstift)
  - etwas Gummischnur abschneiden und je ein Ende durch eines der Löcher fädeln, anknoten

Abschluss

- Alle räumen zusammen auf und führen dann ihre Masken den anderen Kindern der Gruppe vor.

Variation

- Wer mag, kann sich noch einen passenden Schwanz basteln. Auch Tatzen aus Papier sind möglich. Sie werden mit einem Gummiband oder einer Papierschlaufe am Handgelenk befestigt.

Winter ade!

Die Geschichte von Wanja und den drei Waldtieren, die nachts bei ihm anklopfen, weil sie draußen so frieren, regt dazu an, sie mit verteilten Rollen nachzuspielen. Mit den selbst gebastelten Masken macht das besonders viel Spaß.

So geht's

- Die Kinder setzen sich in einen Kreis auf Stühle oder den Boden. Wichtig ist, dass in der Mitte des Kreises ein Teppich liegt.
- Sobald alle zur Ruhe gekommen sind, erläutern Sie das Vorhaben, die Geschichte von Wanja noch einmal nachzuerzählen. Diesmal dürfen vier Kinder die Rollen der Tiere und von Wanja spielen.
- Zeigen Sie das Buch, damit alle Kinder sich daran erinnern können.
- Nun werden die Rollen verteilt.
- »Wanja« setzt seine Maske auf und legt sich ins »Bett«. Das ist ein Kissen und eine Decke im Kreis.
- Die übrigen Kissen legen die Kinder an drei weitere Stellen im Kreis.
- Die Jungen oder Mädchen, die Hase, Fuchs und Bär spielen, stehen außerhalb des Kreises. Sie dürfen sich natürlich auf alle viere begeben, wie es echte Tiere täten.
- Einer der nun freien Plätze soll die Haustür darstellen. Falls dort ein Stuhl steht, stellen ihn die Kinder beiseite.
- Schlagen Sie das Buch auf und erzählen Sie anhand der Bilder die Geschichte frei nach. So können Sie gut auf die Kinder eingehen und ggf. etwas abwandeln. Vielleicht unterstützt Sie ein Kind beim Erzählen oder übernimmt diese Rolle ganz allein.
- Die Kinder mit ihren Masken spielen passend zum Text. So klopft der »Hase« frierend an die »Tür«. »Wanja« lässt ihn herein. Er heizt noch mal kräftig im imaginären Ofen ein usw.

Variation

- Wollen mehrere Kinder gleichzeitig spielen, gibt es eben mehrere Hasen, Füchse und Bären. Selbst mehrere Wanjas sind möglich oder Wanja bekommt eine Frau und Kinder. Außerdem können die Kinder natürlich auch andere Tiere spielen, die Einlass erbitten, bis das Haus randvoll ist.

Wir klopfen bei Wanja!

Ziele
- → sich in einer anderen Rolle erleben
- → Fantasie entwickeln

Gruppengröße
KG, GG

Dauer
30 Minuten

Materialien
- → Bilderbuch »Es klopft bei Wanja in der Nacht«
- → Masken (aus dem Projekt »Maskerade«)
- → 1 Decke
- → 4 Kissen

Zum Weiter-lesen

Fachbücher

- Berthold, Peter/Mohr, Gabriele (2017): Vögel füttern, aber richtig: Das ganze Jahr füttern, schützen und sicher bestimmen. Stuttgart: Kosmos Verlag.
- Held, Nina/Wagner, Yvonne (2016): Das Geschenke-Bastelbuch. Münster: Ökotopia Verlag.
- Meyerholz, Ulrike (2015): Wenn der erste Schnee fällt: Musik, Spiel und Tanz in der Winter- und Weihnachtszeit. Mainz: Schott Music.
- Müller, Thomas (2017): Tiere im Winter. Hildesheim: Gerstenberg Verlag.
- Riha, Susanne (2015): Schlaf gut, bis der Frühling kommt! Berlin: Annette Betz/Ueberreuter Verlag.
- Wagner, Yvonne (2012): Der Morgenkreis im Winter. Garching: Hase und Igel.

Kinderbücher

- Berner, Rotraut Susanne (2011): Winter-Wimmelbuch. Hildesheim: Gerstenberg Verlag.
- Emmett, Jonathan (2011): Was glitzert da im Schnee? Berlin: Annette Betz ein Imprint von Ueberreuter Verlag.
- Hofbauer-Kauer, Friedl/Käfer, Karl-Heinz (2013): Die schönsten Märchen für die Kleinen. Hamburg: Ellermann Verlag.
- Lange, Monika/Walentowitz,Steffen (2017): Bald wird es kalt! Wie Tiere im Winter leben. Frankfurt: Fischer Sauerländer Verlag.
- Lindgren, Astrid (2018): Pelle zieht aus und andere Weihnachtsgeschichten. Hamburg: Oetinger Verlag.

Lieder CD mit Buch

- Breuer, Kati (2014): Sankt Martin ritt durch Schnee und Wind: Die 25 schönsten Laternenlieder. Audio-CD/Audiobook. Stephen Janetzko.

	Projekt/Angebot	Seite	Natur und Umwelt	Sprache, Literacy und Medien	Bewegung, Körper und Gesundheit	Ästhetik, Musik und Kreativität	Emotionen, soziales Lernen	Gesellschaft und Kultur
HERR EICHHORN UND DER ERSTE SCHNEE	**Wer entdeckt die erste Schneeflocke?**	12	Aufmerksamkeit steigern; visuelle und auditive Wahrnehmung schulen	●				
	Besuch im Wald	13	Naturerfahrungen machen; Verständnis für Tiere aufbringen		●			
	Eichhorn-Wachbleib-Sport	14	Motorik trainieren		●			
	Tierische Schneesuche	16	Motorik und Koordination trainieren		●			
	Schneeflockenaussicht	17	ästhetisches Empfinden entwickeln; kreativ sein; Feinmotorik trainieren		●	●		
	Schneeflockensuche		Spielregeln verstehen und umsetzen; Wahrnehmung und Aufmerksamkeit schulen	●	●		●	
	Was ist weich und nass und kalt?	18	Spielregeln verstehen und umsetzen; Aufmerksamkeit schulen; Wortschatz erweitern	●			●	
	Fühl mal!	19	Tastsinn schulen; Wortschatz erweitern	●	●			
WENN DU EINE STERNSCHNUPPE SIEHST, WÜNSCH DIR WAS	**Was ist ein Freund?**	22	Kommunikationsfähigkeit trainieren; Erzählfreude entdecken; Philosophieren üben	●			●	
	Sternschnuppe to go	23	Kreativität und Fantasie entwickeln; Feinmotorik trainieren		●	●		
	Mein Wunschfreund	24	Kreativität und Fantasie entwickeln			●	●	
	Weihnachtsbus	25	Kreativität und Fantasie entwickeln			●		
	Schneeballschlacht	26	Fein- und Grobmotorik trainieren; Koordination stärken		●			
	Eine Schneefamilie	27	Kreativität und Fantasie entwickeln; Motorik trainieren		●	●		
	Schnee ist Schnee, oder?	28	naturwissenschaftliche Erfahrungen sammeln		●			
	Leckere Schneekugeln	29	ein Rezept verstehen und umsetzen	●	●			
WAS WAR HIER BLOSS LOS?	**Was war hier bloß los?**	32	Aufmerksamkeit schulen; Kommunikationsfähigkeit üben	●		●		
	Ein Tag am Wochenende	33	Kommunikationsfähigkeit üben; Sprechfreude entwickeln	●			●	
	Unser Kalender	34/35	Wochentage kennenlernen	●				●
	Eine Tagesordnung	36	zeitliche Orientierung entwickeln				●	●
	Spuren überall	37	Wahrnehmung schulen		●			
	Fußstempelspuren	38	Kreativität entwickeln		●	●		
	Wir sind auf eurer Spur	39	Wahrnehmung schulen; soziales Miteinander üben		●		●	
ZILLY UND ZINGARO. SCHÖNE BESCHERUNG	**Zauberhafte Weihnachten**	42	das Bilderbuch kennenlernen; Kommunikationsfähigkeit üben	●				
	Das perfekte Geschenk	43	Kommunikationsfähigkeit üben; eigene Wünsche und Bedürfnisse überdenken	●			●	
	Wunschzettel	44	eigene Wünsche und Bedürfnisse überdenken; Kreativität und Fantasie entwickeln			●	●	
	Upcycling-Geschenkpapier	45	Kreativität und Fantasie entwickeln; Umweltbewusstsein entwickeln			●	●	●
	Geschenke verteilen	46	Koordination und Motorik trainieren		●			
	Leckerlis für Katzen	47	ein Rezept verstehen und umsetzen; Verständnis für Tiere aufbringen	●		●	●	
	Schnipp-Schnapp-Schmuck	48	Kreativität und Fantasie entwickeln; Feinmotorik schulen		●	●		
	Weihnachtsgrüße aus der Kita	49	Kreativität und Fantasie entwickeln			●		
ES KLOPFT BEI WANJA IN DER NACHT	**Wer klopft denn da?**	52	visuelle und auditive Wahrnehmung schulen; Aufmerksamkeit steigern	●	●			
	Freund oder Feind?	53	sprachliche Fähigkeiten entwickeln; wertschätzendes Miteinander lernen	●			●	
	Tiere im Winter	54	Wissen über Tiere erweitern; mit Sachbüchern umgehen lernen	●			●	
	Jäger im Jagdfieber?	55	Wissen über Berufe erweitern					●
	Wanjas Lebkuchenhaus	56/57	Motorik und Koordination trainieren		●			
	Fangen rund um Wanjas Haus	58	ein Rezept verstehen und umsetzen	●	●			
	Ist der Winter bald vorbei?	59	Naturerfahrungen machen; Aufmerksamkeit steigern		●			
	Maskerade	60	Kreativität entfalten; Feinmotorik trainieren		●	●		
	Wir klopfen bei Wanja!	61	sich in einer anderen Rolle erleben; Fantasie entwickeln	●		●	●	

Der Frühling weckt alle(s) auf

Der Frühling ist die Jahreszeit, auf die wir alle sehnsüchtig warten. Wenn die kalten, grauen Tage des Winters vergehen und sich die ersten Blumen und Blätter in der Natur zeigen, wissen Kita-Kinder, dass sie wieder öfter draußen spielen dürfen. Die erwachende Natur ist ein spannendes Thema und bietet vielfältige Anlässe für gemeinsame Aktivitäten in und außerhalb der Kita. Mit 5 Bilderbüchern und 40 daran anknüpfenden Ideen können Kita-Kinder den Frühling mit seinen Naturphänomenen kennenlernen und sehen, wie Menschen die Jahreszeit erleben: z. B., indem sie selbst Gemüse anpflanzen, Marienkäfer-Glücksbringer basteln oder Vogelstimmen kennenlernen. Die jahreszeitlichen Veränderungen der Natur erfahren sie so beim gemeinsamen Entdecken, Erleben und Tun mit allen Sinnen.

Yvonne Wagner
Frühling mit Bilderbüchern entdecken
40 Kita-Projektideen für drinnen und draußen
2018. 64 Seiten. € 14,95
ISBN: 978-3-407-72763-3

DAS PROJEKTHEFT NIMMT BEZUG AUF FOLGENDE BILDERBÜCHER:

»Der Marienkäfer«
von Bernadette Gervais
ISBN 978-3-407-82156-0

»Die Vogelhochzeit«
von Fritz Baumgarten
ISBN 978-3-407-77302-9

»Primel«
von Marliese Arold /
Annet Rudolph
ISBN 978-3-407-77301-2

»Das schönste Ei der Welt«
von Helme Heine
ISBN 978-3-407-79885-5

»Aufruhr im Gemüsebeet «
von Sven Nordqvist
ISBN 978-3789169021

weitere Materialien für die Kita unter
www.beltz.de/nikolo

BELTZ

Das Papier stammt aus nachhaltig bewirtschafteten Wäldern. Das bedeutet, dass die ökologischen Funktionen eines Waldes erhalten bleiben, vom Aussterben bedrohte Tier- und Pflanzenarten geschützt und die Rechte der Arbeitnehmer gesichert werden.

Dieses Buch ist erhältlich als:
ISBN 978-3-407-72768-8 Print
1. Auflage 2018
© 2018 Beltz
in der Verlagsgruppe Beltz · Weinheim Basel
Werderstraße 10, 69469 Weinheim
Alle Rechte vorbehalten
Lektorat: Kristina Wippert
Layout/Reihenkonzept: Nadine Kunde basierend auf dem Konzept von Atelier Bea Klenk/Sabine Riesinger
Umschlagabbildung: Foto © 2018 Getty Images: Nadezhda1906, iStock / Getty Images Plus; Illustrationen © 2008 Gerda Muller, © 2017 Sang-Keun Kim/Sang-Keun Kim, © 2017 Korky Paul / Valerie Thomas; Autorenfoto © Yvonne Wagner
Bild- und Zitatnachweise: Innenfotos © Marlen Mauermann (S. 3, 4, 6, 7, 9, 10, 16, 18, 19, 20, 22, 24, 28, 33, 35, 40, 44, 45, 48, 50, 57, 60); istock: © Shelly_Au, E+ (S. 8), © Armastas, istock Getty Images Plus (S. 13), © hayatikayhan, istock Getty Images Plus (S. 15), © PhenomArtlover, istock Getty Images Plus (S. 17), © Volkovalrina, istock Getty Images Plus (S. 27), © SKLA, istock Getty Images Plus (S. 30), © ajt, istock Getty Images Plus (S. 34), © blightylad-infocus, istock Getty Images Plus (S. 37), © shingopix, E+ (S. 46), © FatCamera, E+ (S. 58), © Imgorthand, istock Getty Images Plus (S. 59)
Zitate (Z) und Illustrationen (I) aus: »Herr Eichhorn und der erste Schnee« von Sebastian Meschenmoser © 2015 Thienemann in der Thienemann-Esslinger Verlag GmbH, Stuttgart (Z: S. 11, I: S. 11); »Wenn du eine Sternschnuppe siehst, wünsch dir was“ von Sang-Keun Kim © 2017 Beltz & Gelberg in der Verlagsgruppe Beltz, Weinheim Basel (Z. 21, I: S. 21, 26); »Was war hier bloß los? Ein geheimnisvoller Spaziergang« von Gerda Muller © 2008 Beltz & Gelberg in der Verlagsgruppe Beltz, Weinheim Basel – Minimax hrsg. in Zusammenarbeit mit dem Moritz Verlag von Markus Weber (Z: S. 31, I: S. 2, 31, 33, 39); »Zilly und Zingaro. Schöne Bescherung« von Korky Paul / Valerie Thomas © 2017 Beltz & Gelberg in der Verlagsgruppe Beltz, Weinheim Basel – das Original erschien 2016 unter dem Titel Winnie and Wilbur meet Santa bei Oxford University Press (Z: S. 41, I: S. 41, 42, 62); »Es klopft bei Wanja in der Nacht« von Tilde Michels / Reinhard Michl © 2016 Ellermann im Dressler Verlag, Hamburg (Z: S. 5, 51, I: S. 51)

Satz: Nadine Kunde
Druck und Bindung: Pario Print, Printed in Poland
Weitere Informationen zu unseren Autoren und Titeln finden Sie unter: www.beltz.de